우리의 봄

일러두기

• 본문에 대사 삽입 등으로 직접 인용한 작품의 저작권사 및 일러스트의 저작권자는 247쪽에 표기하였습니다. 작품의 인용 사용을 허가해 주신 저작권자 및 저작권사에 감사를 드립니다.
• 본문에 들어간 도서, 영화, 드라마는 최대한 저작권을 해결하고 싶고자 하였습니다.
• 본문에 들어간 도서, 영화, 드라마 등과 관련하여 미처 찾지 못한 저작권이 있다면 ㈜SIGONGSA(02-3486-6877)로 알려 주시기 바랍니다. 추후 저작권자 및 저작권사 정보가 확인되는 대로 적법한 절차를 밟겠습니다.

우리의 봄

미래를 새롭게 할 열 가지 장면

이광재 지음

SIGONGSA

프롤로그

우리의 봄見이
우리의 봄春을 만든다

'나는 커서 무엇이 될까?'

가장 멀리 가닿는 기억 속 '나'는 영민한 아이가 아니었다. 내가 살던 평창의 시골 마을은 골목이랄 것도 없는, 논과 밭에 농가들이 흩뿌려진 곳이었다. 애들을 몰고 다닐 만큼 똘똘하지도 못했다. 골목대장조차 해 보지 못하고 초등학교에 입학했다.

시험이란 것을 처음 보았을 때 선생님은 혀를 끌끌 찼다. 그러다 3학년이 됐을 때 임용고시를 갓 통과한 예쁜 여선생님을 만났다. 젊은 생기가 넘쳤던 그분은 부진한 아이들을 모아 나머지 공부를 시작했다. 그 덕에 몇몇 친구들이 '학업부진아'에서 벗어났다. 나도 그곳에 있었다. 그리고 내게는 약간의 반전도 일어났다. 시간이 갈수록 성적이 좋아져, 중학교에 올라가서는 어른들이 이야기하는 '대처大處'로 유학도 가게 됐다.

원주는 평창에 비할 바 없는 신도시였다. 친구 집에 놀러 간

날의 충격은 아직도 생생하다. 난생처음으로 장서가 빼곡히 들어찬 책장도 마주하게 됐다. 말단이나마 공무원이었던 나의 아버지는 일곱 자녀를 키우기 위해 읽을거리를 어느 정도 장만해 두셨다. 그러나 친구 집의 책장은 우리 집의 것과는 비교도 할 수 없을 만큼 대단했다. 그곳에서 나는 감수성이 샘솟던 10대를 밝혀줄 등불을 발견한다.

자취 생활을 하던 나는 틈날 때마다 책을 펼쳐 들었다. 책 속 세상으로 여행을 떠나 만나고 배우고 깨우치는 경험을 했다. 우리나라의 유구한 역사와 흥망성쇠가 계속됐던 세계사, 그 안에서 벌어졌던 크고 작은 싸움들, 그리고 또 그 안에서 살아 숨 쉬는 영웅과 범부들을 만났다. 그때 처음으로 '글 쓰는 일'을 하고 살 수도 있겠다는 생각을 했다. 그러나 대부분의 어릴 적 꿈처럼 내 꿈도 쉽게 잊히고 말았다.

나는 7남매의 장남이었고, 그때만 해도 장남은 커서 가족을 부양해야 한다는 책임감이 대단했다. 대학에 가서 '먹고사는 일'을 해결해야 했다. 공대를 나와 '변리사'가 되겠다고 마음먹었다. 그런데 그 계획도 몇 년 만에 어그러지고 말았다. 학생운동에 뛰어들며 일신상의 목표나 계획, 그리고 '꿈'이란 단어는 잊고 살게 되었다.

1988년 늦은 봄, 나는 완전한 백수가 됐다. 국가보안법 위반으로 수배 생활을 하고 감옥까지 다녀온 후였다. '무엇을 할 수 있을까?' 고민하고 있을 때, 당시 초선이었던 '노무현 국회의원'을 만났다. 물론 그때는 그와의 만남이 인생을 관통하는 가장 큰 사건이 될 줄 몰랐다.

이후로는 알려진 대로 보좌관, 비서관, 국정상황실장, 국회의원, 도지사 등 '정치인'으로 수렴되는 삶을 살았다. 남들이 생각하는 영광의 꽃길은 절반도 걷지 못했다. 내가 걸어온 길은 굴곡진 가시밭길 천지였다. 그래서 어릴 적 품었던 꿈같은 건 생각할 겨를도 없었다.

그러다 인생의 허리라고 하는 마흔다섯, 분하고 억울한 일을 털어내지 못하고 방황하던 때에 질문 하나가 시작됐다.

'정치인이 아니었다면 나는 무엇이 될 수 있었을까?'

읽던 책 귀퉁이에 조그맣게 썼다.

"다시 태어난다면 내셔널 지오그래픽 National Geographic의 PD나 기자가 되고 싶다."

나는 그다지 TV를 좋아하지 않았다. 그럼에도 워싱턴에 본사를 두고 있는 내셔널 지오그래픽을 포함해 다양한 나라의 다큐멘터리를 보는 것을 좋아했다. 좋아하는 것을 직접 만들고픈 원초적인 소망을 갖게 되었다.

다시 국회의원으로 국회사무총장으로 활동하고 나니 SNS가 친근한 시절이 찾아왔다. 그 사이 나의 관심사도 책에서 영상으로, 다큐멘터리에서 영화와 드라마로 확장되었다. 코로나가 시작된 2020년 초에는 '이광재PD Paradigm Designer'라는 이름의 유튜브 채널도 시작했다. 2025년 봄 기준, 천 개가 넘는 동영상을 올렸다.

매체에 빠져드니 가뭇했던 기억이 생생해진다.

〈여로〉는 내가 보고, 기억하는 최초의 드라마다. 자료를 찾아보니 1972년 4월부터 연말까지 방영됐단다. 고작 일곱 살 때다. 극 중 일본인 순사 무라카미는 영구의 아내 분이를 탐하며 악랄한 짓거리를 해댔다. 어린 나이에도 '나라 잃은 설움'이 뭔지 어렴풋하게 알게 됐다. 솔직히는 당시 내 처지도 분이와 크게 다르지 않았던 듯하다. 〈여로〉를 보기 위해 찾아간 부잣집은 꾀죄죄한 남매가 오죽 보기 싫었던지 개를 풀어 누나와 나를 쫓아냈다. 겁에 질린 누이와 줄행랑을 치며 '나는 크면 어려운 사람을 도우며 살겠다'는 다짐을 했다.

하나둘 잊혔던 기억들을 소환하며 '나를 키운 팔 할은 책'이라는 생각이 나만의 착각이란 것을 깨달았다. 고등학생 때 친구들과 학교 담을 넘어 찾아간 극장에서, 방학 때 음악을 듣고자 하루에 두 번씩 들렀던 다실茶室에서, 학생운동을 함께하던 동지들과 책을 읽고 영화도 보며 머물던 학생회관에서, '대중과 함께 보고 느껴야 한다'는 의무감으로 찾았던 영화관에서, TV를 앞에 두고 가족들과 담소를 나누던 거실에서도 나의 생각들은 자라났다.

〈미생〉, 〈범죄도시〉, 〈기생충〉, 〈미스터 션샤인〉, 〈더 글로리〉, 〈이상한 변호사 우영우〉, 〈오징어게임〉 … 몇 년 전에 봤던 작품도 바로 어제 본 것처럼 아직도 감흥이 생생한 영화와 드라마를 꼽는 데 열 손가락도 부족하다. '재밌다'는 표현만으로는 한참 모자란 탄탄한 구성, 매력적인 인물들 그리고 그 안에 담긴 우리 사회의 현실과 문제의식에 감탄했다. 대부분 엔딩 크레딧까지 다 본 작품들이다. 이 작품들은 '혼자' 볼 때도 즐겁지만 '함께' 보고 대화를 나눌 때는 더 흥이 난다. 게다가 특별한 의미까지 선사한다. 재미는 쉽게 '확장성'으로 연결됐다.

불과 얼마 전까지 나는 과거와 현재를 잇는 수많은 기억들이 담긴 책이 인류가 만든 최고의 창작물이라 여겼다. 책은, 오래 살아도 100년, 그중 혈기 왕성하게 세상을 느낄 시간은 50년도 되지 않는 인간의 한계를 너끈히 무너뜨린다. 게다가 책은 간접 체험을 통해 타인과 경험을 나누는 일을 수월하게 만든다. 그런데 최근 몇 년 전부터 영상에 관심을 두고 보니 영화나 드라마의 파급력은 책보다 더하면 더했지, 결코 적지 않다. 가장 좋은 점은 대한민국처럼 작은 땅덩이에서 한 권 책의 독자는 많아야 백만이지만, 영화나 드라마는 그의 열 배, 스무 배도 넘어선다.

일례로 내 나이 서른에 보았던 〈모래시계〉[1995]는 그 파급력이 대단했다. 평균 시청률 50%를 넘긴, 지금으로서는 놀랍기만 한 수치를 기록하며 1980년대 암울한 역사를 국민들의 삶으로 소환시켰다. 5·18 민주화운동, 삼청교육대 등을 드라마에서 확인한 국민들은 무엇이 옳고 무엇이 그른지 묻지 않을 수 없었다. 진실은 소문이 아니라 매체를 통해 전달됐고, 어렵게 열린 청문회를 통해 비로소 광주는 모든 국민과 슬픔을 나누게 됐다.

2023년 연말에 개봉한 〈서울의 봄〉도 이와 비슷한 효과를 불러왔다. 1979년 계엄에 의해 국가 권력이 찬탈되었음이 또 한 번 세상에 알려졌다. 국민들에게 다시금 민주주의의 가치를 생각하게 하는 계기를 만들어 주었다. 덧붙여 〈서울의 봄〉이 아니었다면 2024년에 벌어진 12·3 비상계엄도 그토록 빨리 해제되지는 못했을 것이다. 친위 쿠데타를 일으킨 대통령을 파면해야 한다는 하나의 목소리를 내는 데도 힘을 보탰을 것이다.

너와 나는 봄see, 見으로 우리가 된다.

개개인이 살면서 겪는 몇몇 경험은 인생 전체에 커다란 영향을 미친다. 그러나 이러한 경험은 '개인'이라는 한계를 벗어나지 못한다. '이야기'는 그 한계를 무너뜨리는 인류 최초의 도구다. 또한 이야기는 책과 영화, 드라마에 담겨 '우리는 하나'라는 동질감을 형성하기도 한다. 같은 이야기를 보는 것만으로 너와 나의 경계는 무너지고 세상도 바꿀 수 있는 '우리'라는 공동체가 만들어진다.

이상은 책과 영화, 드라마를 본 후 느낀 극히 개인적인 생각을 글로 엮어낼 용기를 얻기까지 내가 고민한 것들이다. 나 역시 이야기라는 토양 위에, 경험과 배움을 총동원해 또 하나의 이야기를 피워보고자 했다. 그러므로 엄밀히 '감상평'이라는 정의에는 부합하지 않은 글들을 펴내게 됐다.

독자들에게 미리 당부를 건네자면, 감자와 고구마를 캐는 농부의 심정으로 책장을 넘겨주기를 바란다. 강원도 가을밭에서 가장 많이 수확되는 작물이 감자와 고구마다. 하나의 줄기는 다른 줄기와 연결되고 그 틈틈이 감자와 고구마가 주렁주렁 달려 나온다. 그러나 농부는 줄기를 힘껏 당겨 보기 전까지 무엇이 딸려 나

올지 알 수 없다.

내게는 '기록하는 습관'이 있다. 한 번 읽은 책은 여기가 접히고 저기에 줄이 그어지고 어딘가에는 낙서가 쌓여 금세 본 모양을 잃어버린다. 그렇게 수집된 이야기는 사고의 관(管)에 들어가 다른 이야기와 자연스레 연결된다. 무작위 속에서도 본뜻이 제 갈 길을 잃지 않도록 계속 고민하는 것도 기록하는 습관에 포함된다.

튼실한 알맹이가 나오길 기대하는 독자들을 위해 많이 보고, 많이 읽고, 많이 쓰고, 많이 고치는 몇 달을 보냈다.

지금껏 십여 권의 책을 썼다. 가끔 들춰보다 시선이 머무는 문장이 "정치란 무엇인가?"라는 질문이다. 빵집 주인은 세상 모든 문제가 빵으로, 화가에게는 세상 모든 문제가 그림으로, 교사에게는 세상 모든 문제가 배움으로 귀결된다. 따라서 내게 세상 모든 이야기는 '정치'로 귀결된다. 빵집 주인이 빵으로 세상을 배부르게 하고 화가가 그림으로 사람들에게 행복을 전하고 교사가 배움으로 학생들을 더 나은 사람으로 만들고자 하는 것처럼 나 역시 정치로 우리 사는 곳을 더욱 사람다운 세상으로 만들고픈 희망이 있다.

읽고 보고 느끼고 생각한 끝에 정리한 이야기로, 우리 사는 세상이 나아갈 방향을 찾아보고자 했다. 이 책이 너와 내가 우리로 하나가 되는 데 도움이 되기를, 그래서 우리 사회가 가야 할 길을 밝히는 데 반딧불이만 한 빛이라도 비출 수 있기를 소망한다.

— 이광재

차 례

프롤로그

우리의 봄視이 우리의 봄春을 만든다 · 005

1장

배고프지 않고 배 아프지 않게 · 017

〈범죄도시〉, 〈정의란 무엇인가〉, 〈공정하다는 착각〉

놀이공원에서 줄을 서지 않기 위해 · 019
출발선을 같게 · 025   정치의 올바른 쓸모 · 031

2장

넌 혼자가 아니야 · 041

〈더 글로리〉

그때는 맞았고 지금은 틀리다 · 043
방 안의 코끼리 · 048   삶을 바꿔줄 위대한 시작 · 058

3장
누구나 삶에 이르러야 한다 · 067
〈미생〉

그러나 나는 가슴이 뛰기 시작했다 · 069
끊임없이 물어보기 · 078

4장
82년생 지영 씨와 이상한 변호사 영우 씨 · 087
〈82년생 김지영〉, 〈이상한 변호사 우영우〉

입에 발린 소리 · 089　아내의 꿈 · 095
스스로 밥상을 차릴 기회 · 100

5장
이제는 희망을 짓고 싶다 · 111
〈기생충〉

놀릴 수 없는 공간 · 113　다디단 잠 · 118
생존의 터전이자 삶의 근간 · 123

6장

사다리를 다시 놓는 일 · 131
〈설국열차〉, 〈오징어게임〉

마무리하지 못한 숙제 · 133
세계 최초로 · 136   함께 먹는 열매의 맛 · 144

7장

불가능을 가능하게 하는 상상력 · 151
〈미션 임파서블〉, 〈사피엔스〉, 〈총 균 쇠〉

내가 만난 최초의 얼리어답터 · 153
어느 사형수의 선견지명 · 159
무조건 상상만 하면 되는 업무 · 167

8장

서울의 봄을 넘어 우리의 봄으로 · 177
〈서울의 봄〉, 〈소년이 온다〉

사랑 때문이다 · 179   산티아고에 비가 내린다 · 185
대한민국 헌법 제1장 제1조 제1항 · 191

9장
무엇을 역사로 기억해야 하는가 · 203
〈미스터 션샤인〉, 〈암살〉

엇갈린 운명 · 205
선생님은 나라를 사랑하지 않으시나 보죠? · 214
미래를 향한 달리기 · 220

10장
평화의 길, 새로운 역사를 시작하자 · 225
〈강철비〉

살길 · 227   주고받기 · 230
영구 평화의 예술 · 237

부록
저작권자 및 저작권사 · 247

1장

배고프지 않고
배 아프지 않게

〈범죄도시〉
〈정의란 무엇인가〉
〈공정하다는 착각〉

놀이공원에서 줄을 서지 않기 위해

"마 형사님, 자꾸 이러시면 안 됩니다. 당신이 책임질 수 있어요? 이건 명백한 불법입니다."
"아니, 이 나라 법이… 우리나라 사람들 못 지켜 주면 우리라도 좀 지켜야 되는 거 아닌가?"
"야, 석도야, 그건 그런데…"
"아니야?!"

_〈범죄도시2〉 2022

나쁜 놈들을 때려잡는 형사 마석도의 트레이드마크는 강력한 펀치다. 그의 팔뚝은 여느 아이의 머리보다 굵다. 그의 '싸대기' 한 방이면 웬만한 나쁜 놈들은 멀리 나가떨어진다. 아무리 악하고 아무리 독한 이도 그의 물리력 앞에서는 맥을 못 춘다. 막혔던 속이 뻥 뚫리는 기분이다. 게다가 마석도는 '민중의 지팡이'를 '민중의 몽둥이'로 둔갑시켜 해학인지 풍자인지 모를 웃음을 선사한다. 그걸 보는 나도 속없이 웃고 말았다.

2024년 4편까지 나온 〈범죄도시〉 시리즈를 모두 영화관에서 보지는 못했다. 그래도 두세 편은 지인들과 영화관에서 보았다. 그때마다 드는 생각은 '이렇게 많은 사람이 영화관에 온다고?' 하는 감탄이었다. 코로나19 이후 영화관 가는 발길이 뜸해졌다고 하나 마석도 형사를 보러 온 관객들은 줄지 않았다. 자료를 찾아보니 2017년 1편이 688만 명을 모아 흥행에 성공한 이후, 2022년부터 해마다 나온 〈범죄도시〉 2·3·4편은 모두 천만 관객을 동원했다고 한다. 입이 떡 벌어지는 수치다.

"왜 사람들은 〈범죄도시〉를 좋아할까?"

일일이 물어볼 필요는 없을 듯하다. 나만 해도 웃음이 터져 나오는 대사와 권선징악이 명확한 줄거리로 인해 보는 내내 지루함을 느낄 새가 없었다. 영화관을 나서는 마음에 '통쾌함'이 가득한 시리즈다.

그런데 이상하게 영화를 보고 온 며칠 뒤부터는 스멀스멀 '무거운 기운'이 몰려든다. 마른하늘에 갑자기 먹구름이 낀 것처럼.

"왜 국민들은 〈범죄도시〉에 열광할까?"

똑같은 질문을 두 번 해본다. 답이 달라진다.

"사는 게 영화 같지 않아서."

보통의 우리 삶에는 마석도와 같은 구원자, '억울한 나를 위해서 싸워 줄 힘 있는 내 편'이 존재하지 않는다. 보통의 우리는 때때로 배 아프고 때때로 억울한 일상을 살아낸다. 그래서 가끔은 사는 것 자체가 서글퍼진다.

총이나 칼을 들지 않아도 악을 행하는 이들에게 벌을 줄 수 있다면 얼마나 좋을까? 사적인 욕심이 아니라 공적인 정의감과 책임감으로 잘못한 이들을 벌할 수만 있다면 얼마나 살기 좋은 세상이 될까? 그것이 우리가 간절히 바라는 '공정과 상식'이 실현되는 세상이 아닐까?

정의에 대한 열망이 얼마나 강했던지, 2010년 책 〈정의란 무엇인가〉가 대한민국을 강타했다. 강타라는 표현은 결코 과장이 아니다. 마이클 샌델 교수의 강의가 '하버드대학교 역사상 가장 인기 있는 강의' 중 하나였다는 포장 덕분인지, 우리나라에서 이 책은 날개 돋친 듯 팔려 나갔다. 2009년 작인 이 책은 이듬해 5월에 한국어로 번역, 출간되었다. 5월에 초판이 나온 후, 그해 연말에서야 나는 〈정의란 무엇인가〉를 샀는데, 판권 면을 살펴보니 '111쇄 발행'이라고 찍혀 있었다. '쇄刷'는 동일 책의 출간 횟수를 세는 단위로 한 쇄당 인쇄 부수는 500부에서 5,000부까지로 폭이 넓다. 출판사는 판매 흐름에 따라서 한 쇄의 출간 부수를 정하며, 판매 속도에 따라 공급 부수를 조절한다. 베스트셀러가 되면 찍는 족족 팔려나가니, 많이 찍는 것이 유리하다.

책의 인기에 힘입은 덕분인지 마이클 샌델 교수는 2012년 후속작 〈돈으로 살 수 없는 것들〉도 출간했다. 이를 계기로 한국을 찾아 연세대 노천극장에서 강연도 했다. 시설이 좋지 않은 노천극장에 앉아 그의 강의를 들은 사람이 만 오천 명에 달했다고 한다.

그런데 〈정의란 무엇인가〉의 국내 판매에는 다소 기이한 면이 있다. 언론에 공표된 〈정의란 무엇인가〉의 국내 판매 부수는 200만 부가 넘는다. 그런데 동일한 기간에 영미권에서 팔려 나간 부수는 10만 부에 그쳤다고 한다. 10만 부도 적지 않은 수치지만, 영어를 사용할 수 있는 모든 국가에서 판매된 양이 우리나라의 1/20밖에 되지 않는다는 건 뭔가 납득이 가지 않는다. 프랑스의 작가 베르나르 베르베르의 소설이 우리나라에서만 인기가 높듯, 마이클 샌델 교수의 책도 유독 우리나라에서 인기가 높다. 도대체 왜?

〈월스트리트 저널〉 2012년 6월은 마이클 샌델의 방한을 보도하며, 한국 내 샌델의 높은 인기에 대해 "한국 국민들이 공정성에 대한 욕구가 더 크다는 것을 시사한다"고 해석했다. "정부가 나서서 사회경제적인 불리함을 치유해야 한다고 믿는 비율이 한국인은 93%로 미국인의 56%와 비교해 더 높게 나타났다"고도 보도했다. 더불어 미국인보다 한국인이 '공정에 대한 욕구가 높다'는 근거로 설문조사 결과를 제시했는데, "놀이공원에서 줄을 서지 않기 위해 돈을 내는 것을 어떻게 생각하느냐?"는 질문에 미국인은 42%, 한국인은 18%가 "좋다"고 답했다는 것이다.

일단 알겠다. 한국인들은 정의를 사랑한다. 그럼 그 정의란 무엇인가? 그 답을 찾기 위해 우리나라 사람 중 200만 명이나 〈정의란 무엇인가〉를 사서 읽지 않았을까 싶다. 그런데 솔직히 그 독자 중 한 명인 나는 원하던 답을 찾지는 못했다. 오히려 '과연 이 책이 정의가 무엇인지 알려줄 수 있을까?'라는 의문이 들었다. 더 솔직히 말하자면, 고등학교 윤리 시간에 배웠던 철학 사조를 다시 복습하는 것이 즐겁지만은 않았다.

〈정의란 무엇인가〉는 자유와 평등(공정) 중 어느 것을 우선해야 하는지 끊임없이 질문한다. 이 과정에서 아리스토텔레스, 존 로크, 칸트, 제러미 벤담, 로버트 로직 등 역사적인 철학자들과 그들의 철학 사조를 소개한다. 자유와 공정은 양립할 수 있는가, 양립한다면 어떤 형태로 구현되어야 하는가에 대해 고민해 보라는 것이다. 일례로 아리스토텔레스[BC384~BC322]는 '정의란 사람들에게 그들이 마땅히 받아야 할 것을 주는 것'이라고 가르쳤다. 그런데 신기하게도 그의 가르침은 그가 활동하던 시기부터 지금까지 무려 2,500년간 전해 내려오고 있다. 한국인들에게도 그의 가르침은 일반적 상식으로 통한다.

재미 삼아 중학교 교과서를 펼쳐본 적이 있다. 비슷한 구절을 발견하고 탄성을 내지르고 말았다.

'정의와 공공복리 실현: 우리 사회에는 여러 종류의 법이 있고, 각각의 법이 담고 있는 내용도 다르다. 그러나 대부분 법은 공통으로 정의(모든 사람에게 각자의 정당한 몫을 주는 것을 의미한다) 실

현과 공공복리의 증진을 추구한다.'

중학교 1학년 사회 교과서²⁰²⁴, 금성출판사의 '11. 일상생활과 법' 단원에 실린 내용이다. 교과서에 따르면 '정의 실현'은 법의 목적이다. 그리고 정의正義에 대한 정의定義는 아리스토텔레스의 설명과 정확히 일치한다. 교과서를 놓고 보니 나는 잘못된 상식을 지닌 채 살고 있었다. '정의란 옳고 그름을 가리는 것'이라고 생각했다. 또한 정의를 떠올릴 때면 '바르게 살도록 강제하는 양심' 같은 것도 함께 따라 나오곤 했다. 때문에 '정의로운 사람이 되는 것'은 못된 놈을 잡아 혼내주고, 비록 상황이 여의치 않을 때라도 옳은 소리를 내지를 수 있는 '마동석' 같은 사람이 되는 것이었다.

그러나 아리스토텔레스가 말하는 '정의' 그리고 학생들에게 가르치는 '정의롭다'는 그런 것이 아니었다. 선후 관계를 살펴보면 '불의에 맞서서 항거하거나 싸우는 것'은 정의로운 사회로 가기 위한 하나의 방법일 뿐이었다. 한쪽으로 치우치지 않고, 모든 사람에게 동등한 기회를 제공하고, 정당한 기준과 절차에 따라 판단하고 대우하는 '공정' 역시 정의로운 사회를 위해 필요한 하나의 덕목일 뿐이다.

다시 책 이야기로 돌아가 보자. 아리스토텔레스에 대한 설명 이후, 존 로크¹⁶³²~¹⁷⁰⁴의 〈정의론〉, 칸트¹⁷²⁴~¹⁸⁰⁴의 자유주의, 제러미 벤담¹⁷⁴⁸~¹⁸³²의 공리주의, 로버트 노직¹⁹³⁸~²⁰⁰²의 자유지상주의 등이 소개된다. 샌델 교수는 독자에게 끊임없이 사회와 개인, 평등과 자유 안에서 어떤 선택이 정의인가를 질문한다.

그리고 사회 정의 구현을 위해 하나의 해결책을 제시하는데 바로 '공동체주의'이다. 개인이 자유를 무한히 추구할 때 정의가 훼손될 수 있는 위험을 해소하기 위한 것이다. 샌델 교수는 사회적 연대를 강조한다. 공동체주의를 시민의 덕목으로 삼고 '공동체주의적 공화주의'가 실현되어야 한다고 주장했다. 마지막에는 우리가 만들어야 할 민주주의는 어떤 모습이어야 하는지 묵직한 고민을 남겨준다.

출발선을 같게

두부 배달은 어릴 적 내가 맡은 중요한 일이었다. 아침밥을 먹기 전에 일을 끝내야 하루를 제대로 시작할 수 있었다. 초등학교에 막 들어갔을 때 나의 아버지는 말이 공무원이지 정규직도 아닌 일용직으로 군청에 다니셨다. 적은 월급으로 7남매를 먹이고 입히고 재우고 가르쳐야 했다. 아버지의 월급봉투만 보고 있을 수 없던 어머니는 집에 작은 두부 공장을 차리셨다. 기계식 솥을 걸고 직접 두부를 만들어 팔기로 한 것이다.

철 지난 농기구를 쌓아놓던 창고를 말끔히 정리하고 두부를 쑤기 시작하자 온 집안에는 고소한 콩국 냄새가 퍼졌다. 어머니는 이 냄새를 맡고 이른 아침 찾아오는 이웃에게 마수걸이했다. 장날에는 소쿠리에 두부를 이고 나가 난전에 자리를 잡았다. 더러는 주기적으로 두부를 배달해 먹는 이들도 있었다. 요즘 말로 '구독 서비스'를, 나의 어머니는 반세기 전에 시작한 셈이다.

평창읍 그 안에서도 '리' 단위 지역에 살다 보니 배달처가 그리 많지는 않았다. 읍장, 면장, 등기소장, 경찰서장, 교장 선생님… 다 헤아려도 열 손가락을 채우지 못했다. 집과 집 사이에는 꽤 거리가 있어 새벽에 일어나 두부를 들고 한 바퀴 돌면 아침밥 먹기가 빠듯했다.

당시 나는 우리 집이 다른 집보다 잘 산다거나 못 산다거나 하는 생각을 해보지 못했다. 그도 그럴 것이, 앞서 열거한 특별한 집들 외에 나머지 살림집들은 생활 수준이 비슷비슷했다. 우리 집이 가난하다고 해도, '상대적 박탈감'을 체험할 만한 수준은 아니었다. 대부분 농사를 지어 생계를 꾸렸고, 땅이 넓은 대농은 거의 없었다. 학교 점심시간에 펼쳐 놓은 도시락의 반찬도 멸치볶음이나 계란말이면 최고로 쳐주던 때였다.

어머니의 손맛이 좋았던지, 인심이 좋았던지 그도 아니면 그저 강인한 생활력 덕분인지 두부 장사는 날로 번성했다. 똘똘하지도 못하고 눈치도 빠삭하지 않은 나조차 살림의 변화를 체감할 수 있었다.

지금도 10월에 평창에 가면 '노성제魯城祭'라는 전통 행사가 열린다. 마을 사람들이 모여 씨름대회, 줄다리기를 하고 한시 백일장, 시조 경창 등도 한다. 남녀, 어른이나 아이 할 것 없이 어울려 참여하는 오래된 행사다. 그중 가장행렬은 제일 화려하고 사람들이 많이 모이는 이벤트다. 나 때는 고등학생 형, 누나들이 짐승몰이를 구현하고 가장 어린 유치원생들은 옛날 의복을 맞춰 입고 그 뒤를 졸졸 따랐다.

학교에 입학하기 전 내게 떨어진 배역은 '나졸'이었다. 사또 행렬 뒤에 2열 종대로 따라가는 무리 중 한 명이었다. 초등학교 저학년 때도 비슷했다. 그런데 어머니가 두부 장사를 시작한 3학년부터 변화가 시작됐다. 살림이 좋아지기 시작하자 각 두 살 터울이었던 여동생들은 종에서 아씨로, 마님으로, 중전마마로 점점 신분이 올라갔다. 이런 경험은 내게 미묘한 불편감을 주었다. "돈만 있으면 귀신도 부린다"는 속담도 이해하게 되었다. 물론 살면서 반대의 상황도 여러 번 경험했다.

어릴 적 영화 〈러브스토리〉[1971]를 보고 나서 나는 '아이스하키 선수가 되고 싶다'는 꿈을 꿨다.

명문 부호의 아들 올리버와 이탈리아 이민 가정 출신의 가난한 제니퍼는 사회적 신분을 넘어 사랑을 키워나간다. 첫 만남, 두 남녀는 티격태격했으나 올리버가 자신이 출전하는 아이스하키 시합에 제니퍼를 초대하면서 둘 사이는 급물살을 탄다. 눈 오는 날의 로맨틱한 눈싸움은 영화사의 한 장면으로 길이 남았다. 연인 사이로 발전한 올리버와 제니퍼는 올리버 아버지의 반대를 무릅쓰고 결혼에 골인한다. 제니퍼는 준비하던 유학도 포기하며 올리버에게 헌신하고 올리버는 이에 부응하듯 로스쿨을 우수한 성적으로 졸업한다. 두 남녀는 이제 탄탄대로를 걸을 일만 남았다.

그러나 그때 제니퍼가 불치병에 걸려 죽어간다는 것을 알게 된다.

일반적인 관객이라면 애달픈 이야기에 눈물 흘리거나 진정한 사랑에 대한 교훈을 얻었겠지만, 어릴 적 나는 사랑보다 아이스하키에 꽂혀 버렸다. 맹렬히 하키공을 쫓던 올리버의 모습에 빠져 '대학에 가면 나도 꼭 아이스하키를 배우리라!'는 결심을 했다.

연세대에 입학하자마자 나는 아이스하키부실을 찾아갔다. 국내에 아이스하키팀이 있는 몇 안 되는 학교였고, 그래서 연세대에 꼭 가고 싶었다. 그러나 부푼 꿈을 안고 오리엔테이션에 참석하던 날, 나는 하키에 대한 꿈을 접었다.

시골에서 갓 상경한 촌것에게 아이스하키는 '넘사벽'의 영역이었다. 오리엔테이션에서 처음 알게 되었다. 아이스하키는 잔돈푼이면 되는 스포츠가 아니었다. 신입 부원들은 기본 장비를 장만하고 팀 운영비도 내야 했다. 제풀에 기가 꺾인 나는 다시는 아이스하키부에 가지 않았다.

살면서 몇 번 더 나는 출발선이 다른 사람들과 한 공간에 머물렀다. 그때마다 특별히 주눅이 들지는 않았지만, 때때로 출발선이 다른 상황이 상실감과 열패감을 불러온다는 것은 확실히 알게 됐다.

마이클 샌델 교수의 후속작 〈공정하다는 착각〉[2020]의 원제목은 〈The Tyranny of Merit〉이다. 직역하면 '자격(가치, 장점)의 폭정'쯤 되겠다. 원서 제목보다 한국어판 제목이 더 쉽고 더 매력적이다. 그리고 부제가 압권이다. '능력주의는 모두에게 같은 기회를 제공하는가?'. 실은 나도 같은 고민을 해왔다. 그래서 내용을 꼭 한번 읽어보고 싶었다. 선명한 주제 의식만큼 확실한 해결책을 알려주길 기대하며 책을 읽어 나갔다.

샌델 교수는 전작에서처럼 다양한 정치 사회 현상을 보여주며, 자신이 선택한 주제로 독자들을 이끌어 간다. 그중에서도 '능력주의에 대한 비판'은 큰 공감을 불러일으켰다. 미국이든 한국이든 전 세계 어디에서나 '나는 나의 능력만으로 성공했으니 이 정도 명예와 보상은 당연한 것'이라는 능력주의가 팽배하다. 이런 현상은 갈수록 심해지는 추세다. 반면, '기회가 평등하면 재능과 노력에 따라 누구나 높이 올라갈 수 있다'는 믿음은 신기루처럼 흐릿해지고 있다. 또한 능력주의의 확산은 '계층 이동성의 약화'라는 부작용을 낳고 있다. 가난한 부모에게서 태어난 아이는 가난한 성인이 되고, 부유한 부모 밑에서 자라난 아이는 부유한 성인이 된다. 대부분이 능력주의를 믿고 따른 덕에 부모의 능력이 자녀 세대에게 대물림될 수밖에 없다는 인식이 생겨났다. 그 결과 부의 대물림이 당연한 현실로 나타난 것이다.

2023년 봄, 경제학 공동 학술대회에 '부모의 소득 수준이 자녀의 고등 교육에 미치는 영향'이라는 논문이 게재됐다. 한국직업능력연구원 최수현 위원이 발표한 논문이다. 부모의 소득이 자녀들의 대학 진학에 얼마나 영향을 미쳤는가를 탐구했다. 연구자는 부모의 소득을 5분위로 나누고, 그에 따라 자녀들의 대학 진학률을 확인했다. 1분위 부모의 평균 수입이 가장 낮고 5분위 부모의 수입이 가장 높다. 5분위 부모의 평균 월수입은 558만 원으로, 1분위 부모의 평균 월수입인 104만 원과 네 배 이상 차이가 난다. 5분위 부모의 자녀는 69%의 높은 비율로 대학교에 진학했다. 15%만이 고등학교 졸업 학력에 머물렀다. 1분위 부모의 자녀는 대학 진학률이 40%에 그쳤다. 37%는 고등학교를 졸업하고 사회로 나왔다.

또한 SKY로 통하는 서울대·연세대·고려대에 재학 중인 학생들의 절반 이상은 부모의 소득이 5분위에 속했다. 반대로 대학교에 진학하지 않은 학생들의 50% 이상은 부모의 소득이 1 또는 2분위에 속했다. 개천에서 용 나던 시절은 끝났는가? 그렇다. 통계가 그렇게 말해준다.

부모의 재력이 자녀의 학력에 비정상적으로 관여하는 일도 비일비재하다. 〈공정하다는 착각〉에서 샌델 교수도 인기 미국 드라마 〈위기의 주부들〉2004~2012에 출연했던 배우 펠리시티 허프먼 Felicity Huffman의 사례를 소개했다. 허프먼은 입시 브로커에게 1만 5,000달러(한화 2,170만 원)를 주고 자녀의 SAT 점수를 올려 명문 대학교에 입학시켰는데, 이 일이 밝혀져 재판에 넘겨진다. 그녀에게 내려진 판결은 2주 구금에 벌금 2만 달러(한화 2,890만 원)였다. 입시 브로커는 부모들에게 큰돈을 받고 자녀들의 SAT 점수를 올려주거나 체육 특기생으로 둔갑시켜 무려 700명의 입시를 도왔다고 한다.

'자녀', '학력'이라는 단어가 등장하는 순간, 할리우드 배우의 뉴스는 가벼운 가십거리로 들리지 않는다. 다음 세대에게 다른 출발선을 제공하는 우리도 곰곰이 생각해 봐야 할 많은 이야기가 있다.

정치의 올바른 쓸모

얼마 전 물에서 수영하듯 온라인을 둥둥 떠다니다가 일러스트 몇 개를 보았다. '출발선을 같게'란 모토를 정확히 구현한 그림이었다. 첫 일러스트에서는 야구 경기를 보기 위해 담장 앞에 선 세 명의 아이를 볼 수 있다. 키가 큰 아이는 야구 경기를 그대로 볼 수 있고, 중간 키의 아이는 까치발을 하면 담장 너머를 볼 수 있다. 그러나 마지막 아이는 까치발을 들더라도 담장이 너무 높아 밖을 볼 수 없다.

여기에 평등Equality을 더한 일러스트를 살펴보자. 세 명의 아

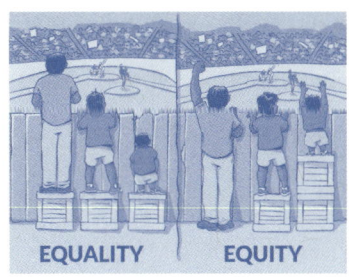

왼쪽 | 평등(Equality) 일러스트　오른쪽 | 공평(Equity) 일러스트

이에게 동일한 디딤대를 한 개씩 준다. 디딤대 위에 선 키 큰 아이는 담장 높이가 자신의 허리께 정도로 낮아진다. 중간키의 아이는 디딤대에 올라서니 담장이 자기 목 아래로까지 내려왔다. 야구 관람도 가능해졌다. 그러나 가장 작은 아이에게는 디딤대가 아무 도움도 되지 않는다. 여전히 담장은 넘사벽이다.

평등 일러스트 바로 옆에 공평Equity을 더한 일러스트가 보인다. 세 아이에게 디딤대가 다르게 배분됐다. 키가 제일 큰 아이의 디딤대가 가장 작은 아이에게 주어졌다. 이제 가장 작은 아이도 두 개의 디딤대를 얻어 담장 너머의 야구 경기를 마음껏 볼 수 있게 됐다.

'이런 멋진 일러스트를 누가 생각해 냈을까?' 나는 문득 일러스트의 원작자를 확인하고 싶어졌다. 동일한 일러스트에 리터치 패러디까지, 수많은 사이트에서 같은 일러스트를 확인할 수 있었다. 그러나 원작자를 찾는 일은 쉽지 않았다. 국내 매체는 일러스트의 출처를 미국 몬태나에 있는 한 여성운동 협회로 표시하고 있었다. 해당 사이트를 찾아가 보니 블로그에 같은 그림이 게시돼 있었다. 그러나 아무리 생각해도 원작을 탄생시킨 곳으로는 보이지 않았다. 게시된 일러스트의 하단이 잘려 있었고 원작자에 대한 설명도 없었다. 여느 매체와 다름없이 원본을 인용한 것만 같았다.

국내 매체에서는 몬태나의 여성운동 협회를 출처로 표시하는 한편, 저작권자를 모건 막스Morgan Marks라고 기재했다. 해당 협회 게시물에 링크된 모건 막스의 이름을 클릭해 보니 '페이지

없음'이라는 글만 떠올랐다. 그럼에도 한두 곳도 아닌 국내의 여러 매체에서 해당 일러스트의 출처를 몬태나에 있는 여성운동 협회로 소개하고 있으니 황당할 노릇이었다.

호기심의 힘으로 일러스트의 원작자를 찾아 나서는 본격적인 여행을 시작했다. 단서가 없으니 맨땅에 헤딩하기밖에 답이 없다. 이미지 검색으로 해당 일러스트가 보이는 곳곳을 들어가 봤다. 국내뿐 아니라 미국, 일본 등 여러 나라의 사이트에 일러스트가 게시돼 있어 들러야 할 곳이 한둘이 아니었다.

몇 시간 공을 들인 끝에 드디어 일러스트의 출처를 확인할 수 있는 사이트에 도착했다. storybasedstrategy.org라는 사이트에서 'equity vs. equality(공평 대 평등)'라는 제목의 일러스트를 확인했다. 그리고 일러스트를 최초로 게시한 사이트가 'interactioninstitute.org'라는 사실도 알게 됐다. 해당 사이트를 운용하는 단체는 Interaction Institute for Social Change(이하 IISC)였다. 우리말로 풀자면 '사회 변화를 위한 상호작용 연구소'쯤 되겠다. 이 단체는 그림의 원작자를 앵거스 맥과이어^{Angus Maguire}라고 소개했다. 그에게 새 버전도 의뢰했다고 한다.

해당 일러스트는 2016년 공개된 이래 꾸준한 입소문과 글을 통해 전 세계로 퍼져나갔다. 천 마디 말보다 몇 개 이미지가 더 효과적이라고 믿었던 IISC는 해당 일러스트에 대해 '사용 허가를 받을 필요 없이 누구나 이용 가능하다'며 저작권 해제의 아량을 베풀었다. 다만 저작권자는 글로 밝혀야 한다. 그런데 게시물에 올라온 저작권 소개 글들이 상당히 길다.

- 두 컷(Equity vs. Equality) 일러스트
  - 저작권: Interaction Institute for Social Change
  - 아티스트: Angus Maguire
- 세 컷(Equality vs. Equity vs. Liberation) 일러스트
  - 저작권: Center for Story-based Strategy & Interaction Institute for Social Change의 협력.
- 네 컷(Equality vs. Equity vs. Liberation vs. Reality) 일러스트
  - 저작권: Center for Story-based Strategy & Interaction Institute for Social Change의 협업. 'Reality' 컷은 앤드류 와이즈먼 Andrew Weizeman이 제작.

내가 맨 처음, 두 컷으로 봤던 일러스트는 세 컷으로, 네 컷으로 계속 진화 중이었다. 세 컷 일러스트에는 자유 Liberation가 추가

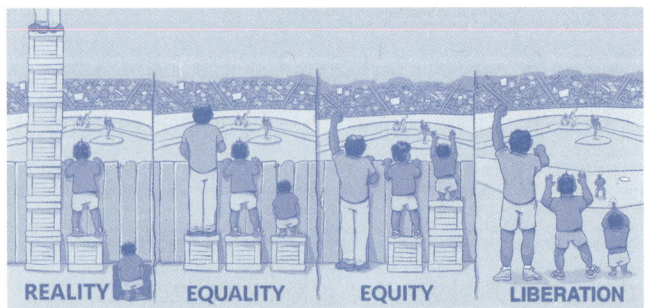

034   1장 배고프지 않고 배 아프지 않게

되었다. 세 명의 아이들 앞에 있던 담장을 아예 없애버렸다. 네 컷은 현실Reality을 추가했다. 키가 가장 큰 아이에게 여러 개의 디딤대를 모두 주고, 키가 가장 작은 아이에게는 디딤대는 고사하고 땅까지 파서 아래로 끌어내렸다. 그것이 우리가 직면한 현실이라니!

다행히도 원작자를 찾아 나선 여행의 끝은 암울하지만은 않았다. IISC는 네 컷 만화의 지속적인 진화를 응원하고 있다. 누구든 다섯 번째, 여섯 번째 컷을 만들어 활용하기를 바라고 있다. 우리가 살고 있는 세상에 공정이라는 가치가 실현되어야 한다는 메시지를 널리 알리기 위해, 자신의 생각을 일러스트에 적용해 보라고 권한다.

내가 생각하는 평등 혹은 공평 혹은 자유 혹은 현실 혹은 '그 무엇'을 어떻게 구현할 수 있을까, 아주 오랜만에 그림을 그려보고 싶다고 생각한 날이었다.

초선 국회의원 시절 일이다. 4년 동안 살펴야 할 태백·영월·평창·정선은 내가 태어나고 자란 곳이다. 정선에는 모교도 있다. 정선군 신동읍에 있는 예미초등학교는 1934년 처음 문을 연 역사가 오래된 학교다. 그러나 여느 지방의 학교들처럼 학생 수가 꾸준히 줄고 있다. 80년대부터 다섯 곳의 분교를 통합했고 현재는 분교 두 학급에 본교 여섯 개 학급, 전체 40여 명 학생이 전부다. 서울의 초등학교와 비교하면 초초미니 학교가 됐다.

당선 이후 인사차 모교를 찾았다. 교문을 들어서는데 그 흔한 플랜카드도 보이지 않았다. '잘못 찾아왔나?'하는 불안감은 교실 문을 열어 보고서야 사라졌다. 칠판에 분필로 쓴 "선배님의 방문을 환영합니다"라는 글씨가 보였다. 누군가 손으로 정성스럽게 쓴 것이었다. 이름도 알지 못했던 선배를 보자고 앉아 있는 초등학생 어린 후배들의 얼굴이 더없이 정다웠다.

나는 예미초등학교 개교 이래 첫 번째로 국회의원이 된 동문이었다. 후배들을 위해 뭘 좀 해주고 싶었다. 그러나 인원수가 너무 적었다. 교육청에서 예산을 받아다 교육 사업을 해보고 싶어도 선뜻 지원을 해줄 것 같지 않았다. 도움을 줄 만한 곳을 물색하다가 한국지역난방공사로부터 "자매결연을 하고 교육 환경을 개선하는 사업을 진행할 수 있겠다"는 답변을 들었다. 사업의 주요 내용은 '영어교육'이었다. 초등학교지만 언어만큼은 제대로 가르치는 게 좋겠다는 생각에 선뜻 도움을 요청했다.

폐광촌에 있는 미니 학교들이 그러하듯 예미초등학교 근처에는 이렇다 할 교육 시설이 없었다. 한국지역난방공사에서 지원해 준 원어민 교사는 학생들에게 인기가 높았다. 공사는 매해 영어 말하기 대회를 열어 학생들의 열의도 이끌어내 주었다. 입상자는 해외 연수까지 보내주었으니, 학생들의 열정에 불이 안 붙을 수가 없었다.

그로부터 몇 년 뒤 반가운 소식을 들었다. 강원도 산골 마을의 한 초등학교 학생들이 영어 대회를 휩쓸고 있다는 소식이었다. 도시와 농촌간의 교육 격차를 줄였다는 점에서 의미가 크다는 뉴스는 내 가슴을 들뜨게 했다. 예미초등학교 후배들의 선전善戰은 내게 정말 큰 보람이 됐다.

그런데 기쁘고 반가운 소식 뒤에는 약간의 씁쓸함도 따라왔다. 공정한 대접이 필요한 학생들이 그들만은 아닐 것이기 때문이다.

"이유가 어딨어, 사람 죽인 새끼 잡는데? 나쁜 놈은 그냥 잡는 거야."

'나쁜 놈'을 진실의 방으로 데려가 모든 전말을 밝혀내는 마석도처럼 우리 삶 속에서 정의와 공정이 손쉽게 구현된다면 얼마나 좋을까.

'정의의 여신상'은 서양에서 정의를 상징하는 대표적인 조각상이다. 정의의 여신인 유스티티아Justitia는 영단어 정의Justice의 어원이기도 하다. 일반적인 정의의 여신상은 눈을 가리거나 감고 있다. 한 손에는 저울을, 다른 한 손에는 칼을 들고 있다. 눈을 가린 것은 공정한 판단을 내리겠다는 뜻이고 저울은 공평한 법의 판결을, 칼은 엄격한 집행을 의미한다. 올바른 도리와 올바른 상태를 뜻하는 '정의正意'를 수호하기 위해 우리는 '공평公平'이 아닌 '공정公正'을 실현해야 한다. 공평이란 어느 쪽으로도 치우치지 않고 고른 것이지만, 공정이란 공평하면서도 올바른 것이기 때문이다.

경제가 발전하면 나타나는 게 '성장'과 '불평등'이다. 이 둘은 이란성 쌍둥이다. 사회에 부富가 자라면 성장이라는 열매와 함께 불평등이라는 벌레도 자리를 잡는다. 열매가 적게 달려도 벌레가 너무 많아져도 나무는 건강하게 자랄 수 없다.

우리 사회는 이 둘의 균형을 맞추기 위해 두 가지 해법을 활용해 왔다. 첫째는 '시험'이다. 누구나 기회를 갖고 자신의 삶을 발전시킬 수 있도록 공정한 과정을 표준화하는 것이다. 그런데 앞서 소개한 것처럼 자본주의가 꽃을 피울수록 '부의 대물림'이 가속화되고, 교육마저도 동일한 출발선을 보장하지 못하게 됐다. 이를 해결하기 위한 두 번째 해결책이 '투표'다. 투표는 같은 것은 같게, 다른 것은 다르게 대우하며 기울어진 운동장을 바로 잡을 수 있도록 국가가 정책을 실현하게 만드는 과정이다. 투표로 대의를 표출하기 위해선 불평등과 부당함을 경험하고 있는 이들이 앞서서 적극적으로 문제 제기를 해야 한다. 가진 사람이 없는 사람을 돌보는 시혜施惠적 정책으로는 걷어차인 사다리를 제자리에 갖다 놓을 수 없다. 사다리가 필요한 이들이 적극적으로 나서야 하고, 이를 투표로 수용해 정책에 반영해야 한다. 이것이 대중이 경멸하는 정치의 올바른 쓸모다.

서초동 대법원 청사, 중앙 홀에서 만나는 '정의의 여신상'은 서양의 것과는 사뭇 다르다. 가리개로 가려지지 않은 두 눈은 정면을 똑바로 응시하고, 왼손에는 칼 대신 법전을 들었다. 외모도 전통적 판관의 풍모를 떠올리게 한다.

개인적으로 나는 서양의 것보다 우리 정의의 여신상이 더 좋다. 사사로운 것에 흔들리지 않겠다고 눈을 가린 채 엄격히 법을 집행하기보다 인간이 만든 법전을 의지하되 진실을 외면하지 않으려는 노력이 더 중요하다고 생각한다.

또한 이러한 노력은 정의의 여신에게만 요구되는 일이 아니다. 모두가 배고프지 않고 배 아프지 않은 세상에서 살 수 있도록, 우리 모두가 최소한의 정치적 인간이 되어야 한다. '생존의 위협'을 느낄 만큼 배고프지 않게 사회적 안전망을 갖추고, '억울함'으로 배가 아프지 않도록 공정을 실현하기 위해 사회를 운용하는 정치에 관심을 가져야 한다.

2장

넌 혼자가 아니야

⟨더 글로리⟩

그때는 맞았고 지금은 틀리다

누구나 학창 시절에 대한 기억은 평생 간다. 비교적 이른 나이에 어르신들과 일해 본 내가 직접 확인한 사실이다. 50대든 60대든 70대든 모두 학교 다닐 때 이야기를 하면 눈에 빛이 나고 얼굴에 생기가 돈다. 엊그제 일처럼 그날의 일화도 술술 풀어낸다. 나도 마찬가지다. 초등학교 때 기억이 지금도 또렷하다. 나머지 공부를 시켜주던 이경희 선생님의 도움으로 학습 부진을 면했던 날의 기쁨, 전학 간 원주중학교에서 만난 친구 장동영의 집에 처음 놀러 갔던 날의 흥분, 원주고등학교 시절 친구들과 감행한 월담 뒤에 영화관에서 느꼈던 해방감까지 모든 것이 어제 일만 같다.

그러나 학창 시절의 추억 중에는 빛나고 따뜻한 일들만 있는 것은 아니다. 평생 모멸감을 안겨주는 치욕스러운 것도 있고, 잊고 살면 좋을 고통스러운 것도 있다. 그 속을 더 깊이 헤집어보면 시간이라는 무소불위의 존재만이 해결해 줄 수 있는 커다란 상처도 있다.

학교 폭력은 피해 학생 한 명 한 명에게 커다란 상처를 남긴다. 심각한 흔적은 드라마 〈더 글로리〉2022~2023의 주인공 동은처럼 마음에만 머물지 않고 신체에 그대로 남아 인생의 한이 될 수도 있다. 동은을 가해한 학생들은 머리카락 손질용 고데기로 동은의 온몸에 화상을 입혔다. 폭력은 단 하루로 끝나지 않고 계속됐다. 학교 폭력을 고발하기 위해 스스로 찾아간 경찰서에서 동은을 끌고 나온 이는 다름 아닌 담임 선생님이란 사람이었다. 이후에도 담임 교사에게 방치된 학교 폭력은 멈추지 않았다.

그리고 가해자 연진이 예견했던 대로 동은은 세상에 홀로 남겨졌다. 피해 학생을 지켜주려 했던 보건 선생님은 학교에서 쫓겨났고, 담임 교사는 동은에게 조용한 자퇴를 종용했다. 세상 그 누구보다도 앞장서서 딸을 지켜줘야 했던 엄마는 돈을 받고 합의서와 자퇴서에 서명을 해 줬으며 머물던 방의 보증금까지 챙겨 떠나버렸다.

열아홉 꽃다운 나이에 온 생을 바친 복수를 결심한 동은은 '덜 불행해지기 위해' 최선을 다한다. 동은은 어엿한 성인이자 제 몫을 톡톡히 해내는 멋진 사회인으로 자란다. 하지만 가해자를 단 하루도 잊어 본 적이 없다고, 어떤 증오는 그리움을 닮아서 멈출 수가 없다고 말하는 그녀는 순식간에 아무에게도 보호받지 못한 그때 그 소녀로 돌아간다. 그녀는 삭막하고 암울한 세상을 딛고 일어서기 위해 최선을 다하고 마침내 자신의 소원을 이룬다. 감옥에 갈 사람은 감옥에 가고 달리 죗값을 치러야 할 사람은 다르게 벌을 받는다. 그녀를 차가운 고통의 한복판으로 몰아넣었던 모두가 대가를 치른다. 사실은 거기까지가 내가 보고 싶었던 〈더 글로리〉의 엔딩이었다.

가해자들을 향한 모든 복수가 완성되었을 때, 동은에게는 마지막 퍼즐 하나가 더 남아 있었다. 그 퍼즐 한 조각을 맞추기 위해 동은은 옥상 난간에 선다. 가해자 연진에게 보내고 싶었던 모든 편지를 불태우고 '자신의 죽음'을 위해서. 다행히 동은은 스스로 난간에서 내려오고 제2막의 이야기를 시작한다. 신의 가호와 그녀 자신의 강인하고도 아름다운 정신력으로 자신을 살리는 것은 물론 누군가를 구하기까지 하면서.

복수를 위해 전속력으로 위험천만하게 내달렸던 열차가 목적지에 도달했을 때, 그 기차를 운전하던 피해자에게는 어떤 앞날이 기다리고 있을까? 솔직히 나는 답을 알고 싶지 않았다. 무엇보다도 복수가 완결되었다고 모든 상처가 치유되리라는 순진한 생각은 할 수가 없기 때문이다.

'그런 일이 있었던가?'

혼잣말을 내뱉을 정도로 까맣게 잊어버렸던 일들이 떠오를 때가 있다. 〈더 글로리〉를 보면서, 흐릿했던 기억 하나가 그렇게 소환됐다. 이름도 기억나지 않는 고등학교 친구는 순하고 착한 아이였다. 깊은 친분이 있었던 것은 아니다. 그러나 한 학교에 다니는 모두를 '친구'라고 부를 때였으므로 그는 분명히 내 친구였다.

어느 학교에나 '나쁜 놈' 두 부류가 존재한다. 하나는 '짱'이 되고픈 놈이다. 당시 남자 학교는 대충 '동물의 왕국' 같은 분위기였다. 서열이 정해지기 전까지 수시로 싸움이 일어나지만 일단 정리가 되면 그 자체로 평화가 찾아온다. 가끔 서열 재설계를 위해 분란이 일어나는 정도다. 짱이 되는 게 목표인 이들은 오로지 짱이 되기 위해 싸운다. '짱'이 되고 나면 친구들을 괴롭히지는 않는 애, 그나마 덜 나쁜 놈에 속한다.

다른 한 부류는 절대적으로 나쁜 놈이다. 길거리 불량배와 다를 바 없다. 수시로 아이들을 괴롭히고 도시락을 뺏고 돈까지 뜯어간다. 제재가 없으면 학교생활 내내 계속 친구들을 괴롭힌다. 이런 부류에게 잘못 걸리면, 소위 말해 '찍히면' 학교생활은 '피곤함'에서 끝나지 않고 '고통의 연속'이 된다. 몸도 마음도 일순간에 피폐해진다.

어느 날인가 점심시간에 친구들이 소리를 지르며 다른 반으로 몰려가는 것을 보았다. 무슨 일인가 해서 가보니 '나쁜 놈'이 피를 흘리고 있었다. 순하고 착한 친구의 손에 과도가 들려 있었다. 교실은 그야말로 아수라장이 돼 있었다. 얼마 뒤 선생님이 뛰어와 구경꾼들을 내쫓고 상황을 수습해 갔다. 나도 힘이 풀린 다리로 교실로 돌아왔다. 불과 몇 분 전, 눈앞에 펼쳐졌던 상황을 어떻게 해석해야 하나 갈피를 잡을 수가 없었다. 큰 충격을 받았고, 평생

잊지 못할까 두렵기까지 했다.

　전해 들은 사건의 전말은 이러했다. 친구의 교실에서는 나쁜 놈에게 도시락을 빼앗기는 일이 여러 번 있었다고 한다. 나쁜 놈은 자기 친구와 함께 여럿을 괴롭혀 왔다. 폭력은 사춘기 친구의 영혼을 좀먹고 있었을 것이다. 그날 친구는 집에서부터 과도를 챙겨 학교로 왔다고 한다. 친구가 느꼈을 모멸감을 상상하며 나는 며칠간 잠을 이루지 못했다.

　1990년대 중반부터였다. 일본 학교에서 이지메(집단 따돌림, 왕따) 현상이 사회문제화되면서 국내에서도 학교 폭력에 대한 사회적 관심이 높아졌다. 그러나 당시는 학교와 가정에서 공공연히 체벌이 이어졌고, 때리는 교사, 부모나 맞는 학생 모두 폭력을 폭력으로 인식하지 못했다. 요즘 말대로 '그때는 맞았고 지금은 틀리다.' 이후로도 장난과 괴롭힘, 폭력에 대한 구분선이 명확해지기까지 한참의 시간이 걸렸다.

　"함께 웃으면 장난이고 너만 웃으면 괴롭힘이다. 상대가 울고 있다면 폭력이다."

　2000년대에 들어서며, 학교 폭력이 여린 학생의 삶을 지옥으로 만든다는 것이 학생들의 입과 손을 통해 알려지기 시작했다. 당시 보도된 학교 폭력의 강도와 빈도는 일반인들의 상상을 뛰어넘는 것이었다. 만신창이가 된 몸과 부서진 영혼을 의탁할 곳을 찾지 못한 학생들은 생의 꽃이 피기도 전에 마지막을 선택했다.

그들을 떠나보낸 부모와 교사, 학생들은 극심한 죄책감에 시달렸다. 그리고 자성했다.

'왜 학교에서 폭력이 일어나는가?' 인류 역사상 인간이 집단과 사회를 이룬 어느 곳에서나 폭력은 간간이 있어 왔다. 그러나 학교라는 곳은 보호받아야 할 미성년자들을 품어 주는 공간이자 이들을 가르치는 선생님들이 함께하는 배움터다. 그곳에서 피해자와 가해자가 명백한 형사 사건이 벌어질 이유가 대체 무엇인지, 우리나라 교육 제도 안에서 두 아이를 키워내야 하는 아빠로서 나도 교육 정책에 관심을 두지 않을 수 없었다. 문제가 있다면 꼭 해답도 찾고 싶었다.

방 안의 코끼리

시간을 뒤로 돌려보자. 우리나라 공교육에 문제가 있다는 지적이 제기된 것은 산업화 시대의 끝자락이다. 이미 반세기 전부터 교육 문제가 공론화 됐다는 것이다. 입시 위주의 교육, 치열한 경쟁 시스템, 적성과 특기를 확인할 수 있는 시간과 관심 부족, 일명 치맛바람이라고 하는 부모의 영향력이 여과 없이 투영되는 등 문제점은 한두 개가 아니었다. 그럼에도 처음 문제가 지적됐을 때는 해결책을 찾으리라는 기대가 있었다. 그런데 결론부터 이야기하면, 교육 현장의 숙제는 그대로 방치된 채 속절없이 시간만 흘렀다.

내가 생각하는 가장 큰 이유는 지속적인 관심의 부족이다. 우리나라 국민들이 열을 올리는 분야는 수시로 바뀐다. 교육에 대한 문제점은 수시로 제기되지만, 한 가지 해결책을 찾기도 전에 다른 이슈들에 가려진다. 집값·금융시장·정치 변화 등 국민들이 관심을 가질 이슈가 너무나도 많다. 최근 교육은 '빠르게 변하는 세상에서 가장 느리게 뒤따라오고 있다'는 비판까지 추가됐다. 기존의 문제도 풀지 못했는데, 새로운 문제들이 계속 쌓이는 양상이다.

문제가 어렵다면 기본으로 돌아가 보자.

교육이란 무엇인가, 우리는 교육에 무엇을 기대하는가? 이것부터 확인해 보자. 답을 위해선 우리나라 교육을 세 각도로 들여다볼 필요가 있다.

첫째 교육 현장. 현재 교육계는 교권 추락으로 몸살을 앓고 있다. 불과 십수 년 전만 해도 교사들의 체벌로 학생들의 인권이 침해받는다는 비판이 일었다. 교육 여건을 개선하기 위해 선진국의 공교육 모델을 도입해야 한다는 주장이 많았다. 교원 한 명이 책임지는 학생 수를 줄였다. 불과 한 세대 만에 학급 당 학생 수가 60명 안팎에서 30명 안팎으로 절반이나 줄어들었다. 저출산으로 인해 당분간 학급 당 학생 수는 더 줄어들 것이다. 그런데, 그럼에도 교육 현장이 좋아졌다고 이야기하는 사람을 찾아볼 수가 없다. 교사는 교사대로 학생은 학생대로 학부모는 학부모대로 두렵고 불안하다고만 한다.

둘째 교육 내용. 우리나라 공교육은 가르치는 게 참 많다. 중학교, 고등학교 모두 한 학기에 열 개에서 열두 개의 과목을 이수해야 한다. 평균 열한 시간을 앉아서 공부한다. 물론 상급 학교로 올라갈수록 시간은 더 늘어난다. 선진국 대비 월등히 많은 공부 시간과 공부량은 꾸준히 지적돼 온 문제다. 이렇게 공부를 많이 하는데도 아이들은 적성에 맞는 일을 찾는 데 어려움을 겪는다. 공부 시간 대비 효율이 높지 않다는 것도 지속적으로 제기된 문제다. 이를 바꾸려는 시도가 없던 것은 아니다. 그러나 현실이 바뀌지 않은 것을 보면 다양한 시도는 번번이 실패했던 것으로 보인다. 모든 수고를 수포로 되돌리는 교육 문제의 블랙홀이 존재하기 때문이다.

셋째 입시. 우리나라 교육은 '대학 입시'를 빼놓고 이야기할 수 없다. 앞서 이야기한 바로 그 블랙홀이다. 2024년 한 해 출생아는 27만 명이었다. 반세기 전 베이비붐 세대의 출생아 수는 100만 명을 넘겼다. 단순히 비교해도 1/3 이하다. 그런데 다들 반세기 전보다 요즘 애들이 더 공부하고 더 불행하다고 말한다. 1980년대 대학 진학률은 13%를 간신히 넘겼다. 2024년의 진학률은 70%를 넘겼다. 인구가 줄어 모두가 대학에 들어갈 수 있지만, 그것이 중요한 게 아니다. 학생들의 재능과 소양이 제각각 다르기 마련이거늘 한 줄 세우기를 시키고 있는데, 이는 블랙홀의 파괴력을 가장 단적으로 보여주는 일이라고 할 수 있다. 극단적으로 한국은 서열화된 대학의 상위 그룹에 들어가야 사람 대접을 받고 살 수 있다고 여긴다. 그 '좁은 문'을 통과하기 위해 대다수의 아이가 앞뒤 좌우를 살필 여유도 없이 입시로만 달려가고 있다.

우리나라 공교육의 목표는 '전인 교육全人敎育'이다. 전인 교육이란 사람이 저마다 지닌 자질을 발굴해 육성하는 교육이다. 심신과 영혼, 학습자의 모든 면에 관여해 온전한 사람을 만드는 일이다. 전인 교육의 핵심은 '조화'다. 지식 전달에 치우지는 학술 중심적인 교육과 달리 신체와 덕德, 지식의 균형 잡힌 발달을 지향한다.

그러나 현재 우리의 공교육은 한국 사회의 축소판이 돼 있다. 배움과 협력 대신 시험과 경쟁이 우선한다. 누가 가르쳐 주지 않아도 아이들이 먼저 안다. 어른들을 닮아간다. 이런 공교육의 부작용으로 드러난 하나의 사건이 바로 학교 폭력이다.

왜 우리나라 교육은 바뀌지 않는가?

앞서 지적한 국민들의 무관심으로 돌아가 보자. 국민들의 무관심은 곧 정치인들의 무관심으로 이어진다. 정치인들이 관심을 가지면 법이 바뀌고, 정책이 바뀐다. 이것이 대의 민주주의의 장점이다. 역으로 정치인들이 관심을 두지 않으면 웬만한 문제는 방치되거나 잊힌다.

그럼 왜 정치인들은 교육에 관심을 갖지 않는가?

가까이서 관찰한 바에 따르면 이 일에는 정치인들의 자질과 배경이 크게 작용한다. 우리나라의 정치인들 그리고 정부 관료들은 대부분 '똑똑한 사람들'이다. 행정고시, 사법고시(2017년을 마지막으로 사라졌다), 변호사시험, 의사고시 등 어려운 시험에 합격한 사람들이다. 기본적으로 머리가 좋다. 스스로는 죽어라 공부해서 그 어렵다는 시험들을 통과했다고 생각할 수도 있지만 공부도 음악이나 미술처럼 하나의 재능이기 때문에 그 재능을 타고난, 공부 머리가 있는 사람들이다. 그래서 '나도 했으니 너도 가능하다'라는, 그 시절 자기 자신의 기준에 맞춘 낙천적인(?) 사고를 한다.

다음으로 이들 대부분은 학교라는 공간에서 혜택을 누린 사람들이다. 누구나 알 듯 공부 잘하는 이들에게 학교는 지옥이 아니다. 공부를 잘하는 이들은 학교에서 선망의 대상이 되고, 크고 작은 갈등이 일어나면 선생님들이 즉각 개입해 해결해 준다. 여기에 부모의 재력까지 더해지면 학교에서도 무소불위의 권력을 행사할 수 있다. 스스로 즐겁고 인정받는 학창 시절을 보냈으니 학교가 바뀌어야 한다는 생각조차 하지 못한다.

여기에 더해, 많은 정치인과 고위 관료들은 대부분 '교육 현장의 당사자'가 아니다. 학교 교육의 당사자는 학생과 학부모 그리고 교사다. 학생은 힘이 없고 학부모는 불안하다. 연령대로 치면 학생은 10대, 부모는 나이가 많아도 50대 중반이다. 그런데 정치인과 고위 관료들의 나이는 보통 50대 중반을 넘어선다. 실제 우리나라 국회의원의 평균 나이는 55.5세다. 자녀가 있어도 의무교육과정을 마쳤을 나이다. 중고등학생 아이를 둔 현재를 살아가는 부모만큼 절실하고 치열하게 교육에 대해 고민하지 않는다.

마지막으로 정치인들이 교육에 관심을 두지 않는 이유는 끝이 어떻다는 것을 이미 알고 있기 때문이다. 우리나라 교육 정책은 손을 대기가 참 어렵다. 많은 이들이 우리나라 교육 시스템이 일본의 잔재라 여기고 유럽을 포함한 서양의 것을 합친 형태로 받아들였다고 생각한다. 하지만 지금의 초등 6년, 중등 3년, 고등 3년의 학제가 구성된 것은 미군정기였다. 미군정은 '조선교육위원회'를 구성해 의견 수렴을 거친 후 홍익인간弘益人間을 기본 이념으로 채택한 6-3-3-4 기간 학제와 1년 2학기제의 의무교육 제도를 계획했다. 교원이 부족하던 시절이라 양적으로 질적으로 문제가 많았다. 1948년 '초중등교사 자격검정 규정'을 정해 정교사 자격을 별도로 부여하는 제도를 도입했다. 이후부터 '정교사 자격'이 없는 사람은 교사가 될 수 없게 됐다.

산업화 시절을 거치며 공교육이 '산업 일꾼 양성 과정'으로 변질됐다. 똑같은 것을 가르치고, 그중 잘 배운 이들을 선발해 산업 일꾼으로 활용했다. 학생들은 전혀 자율적이지 않은 '자율학습'에 매여 밤늦게까지 학교에 머물렀다. 높은 학구열은 가진 부모들은 학생들이 학교라는 담장에 갇히는 상황에 전혀 문제를 제기하지 않았다. 성공이 보장된 삶을 위해 부모는 학생들과 이인삼각으로 같이 뛰었다. '대학 합격의 영광'은 가문의 영광이 됐다.

그러나 세상은 변하기 시작했다. 부모의 경제력이 좋아지고, 대학에 진학할 수 있는 여건이 충분한 학생들이 많아졌다. 반면 산업화의 불씨가 사그라지면서 대학 졸업자에 대한 수요는 점차 줄어들었다. 1997년 IMF로 대량 실업이 발생했고, 이후로는 노동 유연화로 인해 안정적인 일자리마저 점차 사라져 갔다. 일자리는 주는데 대학 졸업자는 많으니 경쟁이 치열해질 수밖에 없었다.

1990년대 초반까지만 해도 졸업과 함께 취업이 확정되고, 몇 군데 기업 중의 한 곳을 골라 가던 풍경이 있었으나 IMF 이후로 취업이 하늘의 별 따기가 됐다. 고용시장 유연화로 직장인들 사이에서도 계급이 형성됐다. 대기업, 대기업 내 비정규직(계약직), 중소기업, 중소기업 내 비정규직 이 네 계급 중 좋은 곳에 안착하기 위해 소위 말하는 스펙을 쌓고, 졸업을 늦추고, 대학원에 가는 학생들이 많아졌다.

취업의 어려움은 고등학생의 대학 입시, 중학생의 고등학교 입시에도 영향을 미쳤다. "요즘 취업하기가 얼마나 어려운 줄 알아? 이름 없는 지잡대 나와서 이력서나 넣을 수 있겠어?" 불안한 부모들은 아이들을 다그치며, 사교육에 매달렸고 '안정적이면서도 급여가 높은 직종'에 곧바로 갈 수 있는 대학이나 취직이 확정된 거나 마찬가지인 학과에 목을 매기 시작했다. 최종 목표인 전문직이 될 수 있는 학과에 들어가기 위해 재수, 삼수, n수를 마다하지 않는 학생들도 줄을 섰다.

이 모든 상황을 알고 있는 정치인과 관료들은 엄두가 나지 않는다.

'교육 과정을 바꾸고, 입시 제도를 개혁한다고, 이 상황을 바꿀 수 있을까?'

누구도 쉬이 답을 내놓지 못한다. 때문에 철철이, 때마다 나오는 공약이란 '공교육 정상화', '사교육비 경감', '소통 강화' 등 판에 박힌 것들이다. 알맹이는 없고 두루뭉술한 이야기만 하다가 끝난다. 그나마도 당선이 되고 나면 쉽게 잊어버린다.

정치인이나 관료가 특정 영역을 개혁하고자 하면, 변화를 겪어야 하는 수많은 이해 당사자를 만나야 한다. 의견도 듣고, 반박도 하고, 협조도 구하고, 설득도 해야 한다. 이를 위해 공부도 하고 현장도 가야 한다. 잘 하고자 하는 열정이 클수록 할 일이 많다. 그런데 교육에는 이러한 열정을 가진 이들이 많지 않다. 어려운 걸 알기에 누구도 손을 대려 하지 않는다.

나는 한국 사회의 교육 문제를 '방 안의 코끼리'에 비유한다. 누구나 알고 있지만 그 누구도 먼저 말하려 하지 않는 거대한 문제. 지난 수십 년간 교육 문제는 그렇게 존재해 왔다. 방 안에 코끼리가 있다는 것 자체가 커다란 위협이지만, 다들 문을 닫고 산다.

'왜 어떤 국가는 성장해 대국이 되고, 어떤 국가는 중도에 쇠락해 가는가?'

정치를 시작하고 늘 품었던 의문이다. 고대 로마의 흥망성쇠부터 두 번의 통일을 이룬 독일의 역사, 세계 최강국이 된 미국의 사례 등을 기본으로 국가 흥망의 원인과 배경을 파헤쳐 보고자 했다. 수년의 자료조사 끝에 '강대국의 교훈'이라는 소논문을 완성했다. '교육'은 그 원고의 세 번째 장이다. 강대국들은 모두 '교육이 강한 나라'를 꿈꿨고 이를 실현해 냈다. 근래 100년의 역사만 봐도 교육은 국가를 부강하게 하는 대표적인 요소로 꼽힌다. 물론 그 이전부터 강대국의 교육에 대한 열의는 대단했다.

고대의 교육은 유산 계급이 즐기는 여가 활동과 같았다. 여가를 나타내는 고대 그리스어 '스코레이schole'는 '학교school'의 어원이 되었다. 남성들은 한가하고 조용한 시간, 전쟁이 없이 평화로운 시간에 탐구나 자아 성찰, 토론을 하며 시간을 보냈다.

중세의 교육은 기독교와 관련이 깊다. 교회나 수도원에 부설 교육기관이 생겼고 자연발생적으로 이탈리아와 프랑스에서 대학이 생겨났다. 르네상스를 거쳐 종교개혁이 일어났고 산업 혁명기에 루소$^{1712~1778}$의 〈에밀〉부터 어린이 교육의 대가 페스탈로치 $^{1746~1827}$, 프뢰벨$^{1782~1852}$이 활동했다. 프랑스의 경우 혁명 이후 교회가 담당해 오던 교육 체제를 국가의 틀 안에 넣었으나 '각 단계에서 완전한 무상 교육'을 실시하자는 주장은 실현되지 못했다.

근대에 들어 아동기 교육에 대한 관심이 한층 높아졌고 교육도 하나의 운동이 되어 '개혁 교육', '진보주의 교육', '예술 교육' 등이 주장되었다. 더불어 각 나라들은 공교육을 시작했다. 먼저 독일은 18세기 후반, 법을 지정해 교회의 감독 아래에 있던 학교를 국가가 감독하는 공교육기관으로 만들었다. 프랑스는 1960년 나폴레옹이 제국대학령을 통해 공교육을 수립한 이래 무상교육의 형태로 정비해 나갔다. 미국은 1852년 의무교육법이 지정돼 북부의 주 위주로 의무교육제도가 생겨났다. 영국은 1870년 교육법에 의해 공립학교를 설립하고 의무교육 제도를 만들었다.

국가별로 중심에 두는 교육 내용은 약간의 차이가 있다. 해양 국가로 패권을 쥐었던 네덜란드는 국제 감각을 키우고 혁신성을 강조하는 교육 내용으로 유명하다. 영국은 유서 깊은 대학교를 많이 보유하고 있다. 미국은 단연코 세계 최고 수준의 대학과 연구 기관이 존재하는 곳으로 다양한 옵션과 프로그램이 있는 것을 자랑한다. 독일은 연구와 기술 교육에 투자를 아끼지 않는 전통을 이어가고 있다.

앞서 지적했듯 우리나라 교육의 100년 성적표는 그리 우수하지 못하다. 일제강점기였던 1911년 〈조선교육령〉이 제정됐으나 공교육의 목표는 '황국식민의 양성'에 그쳤다. 교육은 식민지 지배의 도구로 전락했다. 해방 후 미군정에 의해 학제 개편이 됐으나 한국전쟁 이후 시작된 독재정권은 교육의 목표를 산업전사 양성으로 꼽았다. 산업화에 필요한 재원을 확보하기 위해 교육을 활용했다. 이후 숙원인 민주화가 진행됐지만 교육 목표의 변화는 크게 와닿지 않았다. '산업전사'가 '인적자원'으로 대체되었을 뿐이다. 교육부 역시 '교육인적자원부'로 이름만 바뀐 거나 다름없다. 홍익인간 정신을 바탕으로 전인 교육을 하겠다던 지향점은 온데간데없이 사라지고, 여전히 자본주의 시스템에 필요한 하나의 자원을 생산해 내는 데 만족하는 것이 우리 교육의 현실이다.

삶을 바꿔줄 위대한 시작

원주로 전학 온 후 봉산동 철길 옆에서 자취를 시작했다. 전학을 오니 성적도 좋지 않았다. 나로서는 낯선 도회지에서의 삶이었다. 저녁을 먹고 하릴없이 철길을 걷곤 했다. 낮에는 보이지 않던 하루살이가 기차 불빛에 드러난 어느 날이었다. 순간 '나도 저렇게 하루살이처럼 살다 가는 것은 아닐까?' 하는 불안함이 밀려왔다. 또 한 번은 학교를 마치고 집으로 가는 길에 정육점 앞을 지나갔다. 정육점에 돼지가 통째로 걸려 있었다. 문득 '나도 저기 걸려 있는 고기처럼 "나를 사가세요. 나를 사가세요." 외치는 인생을 살지 않을까' 하는 두려움이 커졌다.

이런 내가 인생의 전환점을 맞게 된 계기는 장동영이라는 친구를 만나고부터였다. 당시 원주는 천주교 지학순 주교가 이끄는 재야 운동의 메카였다. 김지하 시인도 계셨고, 박경희 선생도 계셨다. 특히 생명사상을 만든 장일순 선생은 친구 장동영의 큰아버지로, 모두에게 존경받는 분이었다.

부농의 자식으로 태어난 장일순 선생은 스스로를 땅을 일구는 농부로 소개하셨고, 농부의 삶에 대해 커다란 자부심을 가지셨다. 대학 생활과 수형 기간을 제외하고 1994년 영면하실 때까지 원주에서 지내며 서민 삶에 뿌리를 둔 다양한 운동을 벌이셨다.

대표적인 것이 교육 운동이다. 장일순 선생의 청년기에는 배움의 기회가 많지 않았다. 일제의 우민화 정책과 전쟁 때문이었다. 장일순 선생은 한국전쟁 이후 원주로 피난 온 청소년들에게도 배움의 기회가 주어져야 한다고 생각했고, 서울대학교 복학을 포기하고 학교를 세웠다. 자신의 등록금으로 세운 학교에서 배움에 목마른 아이들을 손수 가르치셨다.

스물여섯의 젊은 교장선생님이었던 장일순 선생은 인성 교육을 먼저 강조했다. 교훈敎訓도 '참되자'라는 간단하면서도 소중한 지침을 강조했다. 졸업생들에게는 참된 인간이 돼 사회에 나가 당당히 제 몫을 해 내라고 응원했다.

"생명은 하나라는 거예요."

또한 장일순 선생은 우리들이 경쟁과 효율에 이용될지라도 하나의 공동체를 이루고 살아야 한다고 강조하셨다. 이를 실천하기 위해 신협 운동을 펼치셨는데, 반독재 민주화운동과도 연결된 운동이었다. '도시와 농촌을 연결하는 한살림 운동이나 시장 사람들이 서로 돕고 어울리는 신협 만들기가 어떻게 민주화운동과 연결될까?' 처음에는 궁금했는데, 조금씩 깨달음을 얻게 됐다.

선생이 하셨던 운동들은 '모두가 잘사는 것을 목표로 하는 운동'이었다. 일례로 신협은 가난하고 힘들고 어렵게 사는 이들의 자립을 돕는 조직이다. 장일순 선생은 이들을 돕는 것으로도 민주화가 된다고 생각하셨다. 이들이 잘살게 되면 민주화운동도 훨씬 수월하다고 생각하신 것이다. 민주화운동의 목적 역시 힘들고 어렵지만 하루하루를 열심히 살아가는 우리 이웃들이 인간답게 살 수 있도록 하는 운동으로 여기셨기 때문이다.

〈더 글로리〉

이때의 깨달음은 훗날 내 정치 인생에도 큰 영향을 미쳤다. 나름대로는 민생이나 먹고 사는 문제에 진심을 다해 노력했는데, 내가 품은 정치의 목표 역시 '공동체를 사랑하는 사람들의 삶을 낫게 하는 것'이었기 때문이다.

장일순 선생의 말을 들으며 나는 "사람의 생각하는 힘이 세상을 바꾼다"는 가르침을 받았다. 당시 원주는 장일순 선생과 교류하는 재야 원로들의 성지였고 다양한 강연이 자주 열렸다. 특히 원주 가톨릭문화회관에서 강연회가 많이 열렸던 것으로 기억한다. 한번은 장일순 선생이 난초 전시회를 열었는데, 얼마 뒤 선생에게 난을 배운 김지하 시인도 전시회를 열었다. 친구들과 전시회 구경을 다녔던 깃도 생생하다. 원로들의 강언은 우리들에게 생각을 일으키는 흙이요, 물이요, 빛이었다. 우리끼리 "생각하는 힘을 길러 세상을 변화시키는 데 기여해 보자!"는 당찬 다짐도 했더랬다. 대학에 가서 야학 동아리를 찾아간 것도 그날의 다짐 때문이었다.

지금은 종로구에 속해 있는 창신동은 1975년 이전에는 동대문구에 속해 있었다. 실제로 가보면 동대문과 딱 맞닿아 있다. 80년대만 해도 창신동 골목에는 '시야게'나 '객공' 같은 간판이 많이 붙어 있었다. '시야게'는 마무리 작업자를 '객공'은 임시 노동자를 뜻하는 말이다.

내가 다니던 야학은 창신동 꼭대기에 있던 '동창 야학'이었다. 학생 대부분은 동대문 청계천에 있는 봉제공장에 다녔다. 야학에서 언덕배기만 내려가면 바로 청계천이 있었다.

청계천 봉제공장의 환경은 매우 좋지 않았다. 학생들은 일어설 수도 없는 낮은 2층 방에서 종일 미싱을 돌렸다. 열두 시간씩 일을 해 피곤에 지친 몸으로도 야학을 찾아왔다. 먼저 배웠다는 이유로 나는 그들의 선생이 됐다. 나보다 나이도 많고 사회 경험도 많은 이들이 다수였다. 스스로의 운명을 바꿔 보겠다고 배움을 놓지 않는 그들이 존경스럽기도 했다. 그들을 보며 내가 대학생이라는 것 하나만으로도 얼마나 큰 기회를 가진 것인지 깨달았다. 또한 가난하고 힘들고 어려운 사람들이 자신의 운명을 개척해 가는 길에 교육이 얼마나 좋은 사다리가 되는 지도 뼈저리게 느낄 수 있었다. 당시 야학에서 만난 대부분의 학생이 중고등학교 검정고시에 합격했다. 대학 합격증까지 들고 와 감사 인사를 하던 학생도 있었다. 내가 한 일에 보람을 느낀 거의 최초의 사건이었다.

한편 당시 교내에서는 우리가 만난 노동자들이 노동 운동에 참여하도록 이끌어야 한다는 주장과 그들이 원하는 것은 검정고시 합격이니 이를 이룰 수 있도록 도와야 한다는 주장이 대립해 격론이 일었다. 나는 검정고시 합격을 돕는 것이 먼저라고 생각했다. 물론 이후에 그들이 스스로의 운명을 개척하는 과정에서 노동운동의 필요성을 느끼고 참여할 수도 있다. 그러나 운동에 참여하고 안 하고는 순전히 그들의 선택에 맡겨야 한다고 생각했다.

지금도 나는 교육이 '계몽啓蒙의 과정'이 아니라 개개인이 '기회를 얻는 과정', '가능성을 실현하는 과정'이라고 생각한다. 그리고 이 바람이 이루어지자면 해야 할 일들이 많다. 당장 대한민국에서는 공교육 정상화, 사교육 축소와 함께 재능과 개성을 발굴해 낼 수 있는 교육 환경의 구현, 시험과 경쟁이 아닌 배움과 협력의 실현 등이 이루어져야 한다.

그리고 이를 위해서는 지속적인 공론화가 일어나야 한다. 방 안에 있는 코끼리의 존재를 세상에 적극적으로 알릴 사람이 필요하다. 합리적인 해결책을 실현하기 위해 추진력 있게 나서줄 정책 입안자가 있어야 한다. 우리 시대의 리더들이 이 일을 꼭 해주길 바란다. 우리 사회의 백년대계를 위해 지치지 않고 포기하지 않고 끝까지 달려갈 수 있는 이가 있다면 어떤 형식으로든 돕고 지원하고 싶다. 꼭 우리 대에 결실이 나지 않아도 괜찮다. 미래 세대의 삶을 바꿔줄 위대한 시작을 위해 가장 말단에서라도 나의 쓰임이 있기를 진심으로 바란다.

몇 가지 조언을 보태고 싶다.

번성하는 국가를 원한다면 교육에 확실한 투자를 해야 한다. 교육이 바로 서야 나라가 바로 선다. 2차 세계대전 후, 폐허의 상황에서 다시 선진국으로 도약한 독일의 힘도 바로 교육에 있었다. 전 과정이 무상으로 제공되는 독일의 교육은 지금도 많은 국가들의 참고 모델이 되고 있다.

독일의 학제는 '유치원(만 3~6세, 선택사항)-초등학교(만 6~10

세, 4년)-중등학교(만 10~15/16세, 5~6년), 상급 중등학교(만 15/16세 이후 2~3년, 직업 전문)'로 구성된다. 그런데 대학을 갈지 말지는 초등학교 졸업 때에 이미 결정된다. 졸업 시기에 교사가 추천하고 부모가 승인하면 학생의 적성과 능력에 맞는 중등학교 유형이 결정되는 것과 함께. 대학에 진학하지 않는 학생은 대학에서 수업을 들을 시간에 직업 실무 교육을 받게 된다.

솔직히 우리나라에서라면 상상도 하지 못할 일이다. '어떻게 일개 교사가 아이의 평생을 좌우할 결정을 할 수 있을까?' 의문을 제기하는 이들이 많을 것이다. 독일 교사의 전문성과 그에 대한 독일 사회의 높은 신뢰를 모르기 때문이다.

보통 독일의 교사는 오래 그리고 깊게 배운 사람들이다. 초등학교 교사는 6년, 중고등학교 교사는 8~10년간의 교육을 이수해야 한다. 2~3년의 실습 과정을 거치고 논문도 쓴 후에 교사가 된다. 우리 기준으로 치면 박사 과정을 마친 것과 같다. 또한 초등학교의 경우 졸업 때까지 담임이 바뀌지 않는다. 한 아이를 4년간 지켜본 후에야 아이의 진로에 대해 발언권을 얻는 것이다. 또한 독일의 중등학교는 실업 교육을 위한 기초를 다지는 하우프트슐레Hauptschule, 중간 정도의 학업 능력을 가진 학생들이 진급하는 레알슐레Realschule, 대학 진학을 목표로 하는 김나지움Gymnasium으로 나뉜다. 이처럼 다양한 교육 트랙은 진로에 맞춘 다채로운 교육 경로를 제공한다.

물론 독일의 실업 교육이 잘 운영되는 데는 직업에 귀천을 두지 않는 사회 분위기도 한몫한다. 독일인들은 공부에 재능이 없고 공부를 하고 싶지 않은 학생들에게 대학을 강요하지 않는다. 본인들도 대학에 갈 필요를 느끼지 못한다. 실업 교육을 받은 사람들은 열여섯 살부터 취업이 가능한데, 어떤 일이든 전문성을 바탕으로 소득을 올릴 수 있다. 무엇보다도 대학 졸업자와 임금 격차가 나지 않기 때문에 많은 학생이 직업 교육을 통해 전문 기술을 습득하고 사회에 진출하는 것을 선호한다.

그렇다면 우리나라는 어떻게 교육 체제를 바꿔볼 수 있을까? 지난 몇 년간 현실적인 대안을 고민해 보았다.

우선 가르치는 과목을 줄여야 한다. 과목이 너무 많아 아이들을 지치게 한다. 지난 3천 년 동안 '전 세계에서 꾸준히 가르쳐 온 과목'을 조사해 보았다. 문법과 수사학(언어), 대수와 기하(수학), 외국어 그리고 체육 정도였다. 여기에 더해 현재의 선진국들은 STEM Science, Technology, Engineering, and Mathematics 교육을 강조하고 있다. 우리도 기본에 충실한 교육으로 돌아가야 한다. 과목 수를 줄이고 아이들에게 꼭 필요한 교육에만 집중해야 한다.

세부적으로 국어와 외국어는 문법 위주의 교육이나 시험을 위한 교육은 지양해야 한다. 언어의 발달은 듣고 말하기가 우선이고 그다음이 쓰기와 읽기다. 영어 공용이 가능한 모든 나라가 듣기와 말하기 교육을 우선한다. 그러나 우리나라는 쓰기와 읽기에 집중하는 경향이 있다. 특히 문법 위주의 교육 내용이 많은데, 이는 예전부터 지적되어 온 사항이다. 언어를 가르치는 본질은 언어라는 도구를 통해 잘 사고하고 표현하는 것은 물론 서로 다른 나라에서 태어난 사람들끼리 원활하게 소통하게 만드는 것이다. 외국어 교육은 당연히 이에 부합해야 한다.

다음으로 수학교육을 대폭 강화해야 한다. 수학은 21세기 인공지능 시대에 가장 중요한 과목이다. 우리나라에서는 '수학을 못해서 문과로 간다'고 하는데 말도 안 되는 이야기다. 수학을 모르는 국민들로 가득한 나라는 AI 시대를 열 수 없다. 그런데 우리 초등학교 교실에서는 이미 4학년 때 '수포자(수학을 포기한 사람)'가 나온다고 한다. 무엇이 문제일까? 잘 배우도록 만들려면 잘 가르치는 일이 먼저다. 외국어를 현지어처럼 가르치기 위해 원어민 선생님을 모셔 오듯 수학의 본질과 논리를 재미있게 가르치는 선생님들을 모시는 일 등을 통해 성공적인 수학교육 시스템을 만들어야 한다.

세 번째로 AI 교육의 전면화다. 선진국의 STEM 교육 대부분이 AI 교육과 연결된다. 한국에서 AI의 선진 기술을 보유한 주인공들은 통신 기업들이다. 또한 우리 사회에는 이미 가정용 AI 로봇들이 대거 출시됐다. 효과적이면서도 효율적으로 이들과 연계하는 교육을 고민해야 한다.

마지막으로 아이들에게 체육 시간을 돌려줘야 한다. 흔히 체육 교육의 목표를 '체력 증진'으로 여기는데, 나는 체육 교육의 목표는 '협동심 강화'라고 생각한다. 중국 학교에 다니던 아들로부터 체육 수업에 대해 들은 적이 있다. 축구를 할 때 한국에서는 숫만 죽어라고 연습했는데, 중국에 와서는 드리블과 패스, 수비 스텝을 중점적으로 배운다고 했다. 우리는 성과를 내는 데 집중하는 반면 중국은 규칙을 지키고 함께 어울리는 것에 집중한다는 인상을 받았다. 체육 수업을 통해 아이들은 건강을 증진시키는 것은 물론, 단체 경기를 통해 룰을 익히며 협동심도 배울 수 있다. 건강한 몸에 건강한 마음이 깃들 수 있도록 학생들에게 온전한 체육 수업을 보장해야 한다.

'교육 Educate'은 '밖E으로 이끌다 duce+ate'는 뜻의 합성어다. 인간 안에 갖고 있는 고유한 것, 잠재된 재능과 개성을 이끌어내는 과정이다. 이를 위해서는 교사가 학생을 오래 관찰할 수 있어야 한다. 교사의 의견을 수용할 수 있을 만큼 학생과 교사, 학부모와 교사 간의 두터운 신뢰도 형성되어 있어야 한다. 마지막으로 온 사회가 학생 한 명에 대해 물리적·사회적·경제적 지원을 다 할 수 있는 시스템이 갖춰져야 한다.

3장

누구나 삶에 이르러야 한다

〈미생〉

그러나 나는 가슴이 뛰기 시작했다

어느새 10년도 더 지나버렸다. TV에서 20부작 드라마 〈미생〉이 방영된 게 2014년 10월이다. 나는 그보다 앞서 윤태호 작가의 웹툰으로 긴 이야기를 전부 보았다. 투박하지만 사실적이고 섬세한 표현으로 인물들의 개성을 잘 살려 보여주었다.

나는 '미생'이라는 뜻 모를 단어가 주는 어감이 좋았다. '이르지 못한未 생生'이라는 뜻을 알았을 때, 주인공에게 어떤 사연이 있는지 궁금했다.

〈미생〉의 주인공 장그래는 요즘 보기 드문 청년이다. 대학교 졸업의 학력도, 토익 점수나 어학연수 이력도, 이렇다 할 스펙도 없다. 고졸 검정고시 합격과 자격증으로 컴퓨터활용능력 2급이 전부인 그가 대기업에 입사할 수 있었던 건 오직 연줄 덕분이었다. 때문에 그는 동기들에게 눈총받는 '낙하산'이 되었고, 서러운 인턴 그리고 계약직으로 회사 생활을 시작한다.

스물여섯의 장그래가 늦지 않은 나이에 보기 드문 청년으로 남은 이유는 '꿈' 때문이었다. 오로지 바둑기사가 되겠다는 꿈을 꾸며 긴 시간을 버티고 연마하고 소진한 그였다. 그러나 결국 그는 꿈에 가닿지 못했다. "돈이 있었으면 되지 않았을까?" 상상이야 가능하지만 현실의 벽은 너무도 견고했다. 꿈을 포기한 장그래는 회사라는 공간에서 다시 삶을 시작했다. 지금은 미생이지만 언젠가는 완생完生을 하게 될 날이 오리라 기대하며.

가끔은 인생을 밝힐 섬광을 발산하지만 평상시는 남루하고 고단한 직장인의 모습을 지켜보며, 내 젊은 날을 복기復期했다.

나는 최초의 꿈이 무엇이었는지 정확히 기억하지 못한다. 어릴 때는 '법관'이 돼 볼까 했다. 정의로운 일을 하는 사람이라고 생각했고 내가 한다면 잘 해낼 수 있을 거라 생각했다. 그러나 그 꿈은 쉽게 꺾였다.

유치원 때 작은 아버지가 술 마시고 동네 파출소를 쳐들어간 일이 있었다. 서독 광부를 지원했는데 신원 조회에 걸려 파송이 되지 않았다. 듣기로 할아버지 형제들이 한국전쟁 이후 사회주의 활동을 했던 듯한데 어릴 때라 전후 상황을 이해할 수 없었다. 비슷한 일은 초등학교 때도 일어났다. 육촌 형네에 놀러 갔다가 교과서며 학습지를 불태우는 형을 목격했다. 육군사관학교에 합격했는데 작은 아버지와 같은 이유로 입학이 취소되었다고 했다. 형은 그간의 노고가 담긴 책들을 아궁이에 밀어 넣고도 분을 삭이지 못했다.

그때 어렴풋하게 생각했다. 나는 법관은 될 수 없다는 것을. 그래서 서울대학교에 가는 것도 글렀다고 생각했다. 법관이 되지 않을 바에 서울대에 간들 무슨 의미가 있으랴. 공부할 필요도 느끼지 못했다.

그런데 그즈음 TV에서 연고전을 생중계로 방영해 줬다. 연세대 학생들과 고려대 학생들이 목이 터져라 자신의 학교를 응원했다. 다시 공부할 이유를 찾았다. 나는 시대를 걱정하며 젊음의 순수와 정열을 노래하는 고려대 응원가보다 '사랑'을 외치는 연세대 응원가가 좋았다. 연세대에 가고 싶어졌다. 다시 공부에 매진하며 나는 내가 연세대에 갈 것을 한 번도 의심하지 않았다.

스무 살, 나는 연세대학교 학생이 되었다. 입학하고 한동안은 한눈팔지 않으려고 부단히 애를 썼다. 야학을 다니는 봉사로 만족했다. 집을 일으켜 세우는 것은 고사하고 밥이라도 제대로 먹고 살려면 취직을 해야 했다. 그래서 5·18 광주도, 군부 독재도, 시위대도 애써 외면했다. 그러나 마음처럼 되지 않는 게 세상살이였다. 도서관에서 내려다본 광장에서 전투 경찰에게 머리채를 잡혀가는 여학생을 보고는 가슴속에서 불덩이가 일었다. 가만있을 수 없었다. 해야 하는 일을 해야 했다. 그렇게 학생운동을 시작하고 자식 된 도리는 영영 못 하게 될 줄로만 알았다.

수년 후 내게도 '월급'을 받는 일이 생겼다. 대학을 졸업하지도 못하고 세상살이를 어떻게 할지 고민하던 때에 두세 명의 선배가 똑같은 일자리를 추천해 주었다. 초선 국회의원의 보좌관 자리였다. 무슨 일을 하는지 자세히 듣지 못하고 면접을 보러 갔다.

선배들이 이야기한 초선 국회의원은 내가 알던 노무현 변호사였다. 당시도 노무현 변호사의 이름은 잘 알려져 있었다. 상고를 졸업하고 독학으로 사법고시에 합격해 판사가 된 그는 채 1년을 채우지 못하고 변호사로 개업했다. 1981년 부산에서 벌어진 부림사건(사회학과 독서 모임을 하던 학생, 교사, 회사원 스물두 명을 영장 없이 체포해 불법으로 감금하고 고문해 조작한 사건)의 변호를 맡은 후 '인권변호사'라는 명성을 얻은 사람이었다. 수배 시절 부산을 떠돌던 나도 그의 연설을 들은 적이 있었다.

서울시청 앞 한 호텔 커피숍에서 만난 노무현 국회의원의 용모는 참으로 수수했다. 그리고 그 자리는 나의 면접이자 그의 면접이기도 했다. 그는 스물셋 젊은 청년에게 "나는 정치를 모릅니다. 나를 역사 발전의 도구로 써 주세요"라고 말했다. 그의 말에서 깊은 울림을 받았다. 권위주의와 상명하복이 전부이던 시절이었다. 아랫사람은 아랫사람으로 박박 기고 윗사람은 윗사람으로 군림했다. 그러나 노무현 국회의원은 사람을 사람으로 대접해 줄 뿐 어떤 것도 보태지 않았다. 직급이 낮다는 이유로 나이가 어리다는 이유로 반말도 하지 않는 사람이었다.

어찌 어찌 면접에 합격을 했고, 그는 내게 비서실 구성의 전권을 넘겨주었다. 스스로도 낯선 정치의 세계에 첫 발을 들여놓은 그가 어떻게 그런 위험천만한 결정을 할 수 있었는지 마지막까지도 나는 물어보지 못했다.

당시 내가 아는 사람들이라곤 학생운동을 같이 했던 선후배들과 동기들뿐이었다. 혁명의 시대가 막을 내렸다고 자조하던 그때, 그들은 각자의 살 길을 찾아 나섰다. 나는 그들을 만나 설득하며 보좌진을 꾸려갔다. 급여는 많지 않았다. 비서실 전체 급여를 보좌진 머릿수 대로 나누니 다른 국회의원 보좌진의 1/3~1/6밖에 되지 않았다. 그래도 괜찮았다. 배는 고팠지만 꿈만은 충만하던 시절이었다.

당시 내게 없는 것이 하나 있었다. '사수'였다. 일을 가르쳐 줄 사람도 인수인계 받을 업무도 없었다. 나는 '알아서' 해 나갔다. 한편으로 안타깝지만 한편으로 다행인 일이었다. 닥치는 대로 일을 하고 뜻하는 대로 밀고 나갔다.

보좌관이 되고 처음 맡았던 일은 열일곱 어린 나이에 수은 중독으로 사망한 문송면 청년을 세상에 알리는 일이었다. 농사짓는 부모 밑에서 6남매 중 셋째로 태어난 그는 고등학교 학비를 마련하지 못해 일을 하러 서울로 왔다. 그러나 공장에서 일한 지 한 달이 안 돼 원인 모를 통증에 시달렸고, 입원한 지 얼마 안 되어 수은 중독 진단을 받았다. 그는 안전장비 하나 없이 밀폐된 공간에서 수은을 주입하는 일을 했고 그로 인해 죽음에 이르고 말았다. 그러나 회사는 모든 잘못을 부인했다. 시골에서 농약에 중독된 것이라며 산재 인정을 거부했다.

노무현 국회의원은 1988년 7월 8일 국회 본회의장에서 대정부 질의를 시작한다. 그는 문송면 청년을 세상에 알렸다.

"같은 또래의 제 자식 놈은 아직 공부조차 힘이 들어서 온갖 응석이나 부리고 있는 철부지에 불과합니다. 그런데 죽은 이 소년의 경우는 어떻습니까? 그 나이에 멀리 서산에서 서울까지 부모 슬하를 떠나온 것만 해도 애처로운 일인데, 그런 어린아이가 귀중한 생명이 좀먹어 가는 그 위태로운 작업장에 방치되고 끝내 목숨까지 잃게 된 책임은 결국 그의 부모만이 져야 되는 것입니까?"

대정부 질의 전, 진상 조사를 위해 노무현 국회의원과 함께 공장을 찾아다녔다. 그러나 현장은 너무 깨끗했고 시멘트가 새로 발라져 있었다. 물증은 잡을 수 없었고 관리자들은 모든 상황을 잡아뗐다. 나는 관리자들 몰래 몰래 청년 노동자들에게 연락처를 주고 추후에 다시 만나 증언을 들었다. 노무현 국회의원은 해당 녹취록을 검찰에 보냈고 마침내 수사가 시작되었다. 억울한 죽음이 세상에 알려지면서 노무현이라는 신입 정치인도 세상에 알려졌다.

1988년 가을에는 스타 정치인의 탄생을 알린, 그 유명한 5공 청문회가 시작됐다. 처음에는 모두가 반신반의했다. 짜고 치는 고스톱 마냥 빛 좋은 개살구로 끝날까 걱정했다. 처음 청문회에 참석했던 노무현 국회의원의 모양새도 어수룩했다. 덥수룩한 머리를 손질도 않고 나갔다. 그런데 갈수록 관심도가 높아졌다. 준비한 질문을 다 쏟아내지도 못했는데 시청률이 60%까지 치솟았다.

며칠간 밤을 새우며 청문회를 준비했다. 자료조사 팀을 따로 꾸렸고, 등급별로 분류된 자료들을 청문회 증인들과 엮어 도표도 완성했다. 노무현 국회의원은 그걸 보고 머릿속에 설계도를 그려 나갔다. 실마리를 토대로 추궁하자 증인들은 꼼짝없이 코너에 몰렸다. 노무현 국회의원의 성실함과 예리함 그리고 명석함이 TV를 통해 세상에 알려졌다.

전화가 빗발쳤다. 그때 덜컥 겁이 났다. 노무현 국회의원은 이미 너무 큰 그릇이 돼 버렸다. 나는 그만둬야겠다는 생각을 했다. 그런데 나보다 한발 앞서 사표를 쓴 이가 있었다. 바로 노무현 국회의원이었다. 이름이 알려지고 국회의원으로서 능력을 발휘하면 많은 것을 바꿀 수 있으리라 기대했는데, 그도 금방 한계에 부딪혔다. 노동자들과 농민들을 도와주려 하는데 도와줄 방법이 없었다. 노무현 국회의원은 나를 불러 사표를 건넸다.

사표를 받으며 '이 사표는 내 손으로 처리해야겠다' 마음먹고 국회의장에게는 안 보낼 결심을 했다. 그러나 노무현 국회의원은 이미 나의 처신을 알고 있었다. "내가 다 안다. 이미 다른 사람 편에 국회의장한테 보냈다. 그러니 뒷일을 부탁한다." 그렇게 짧게 인사를 하고 떠나버렸다.

모든 신문이 노무현 국회의원의 사표 기사로 도배가 됐다. 충청북도 어딘가에 있다는 노무현 국회의원을 찾아 나섰다. 기억에 수안보 댐이었던 것 같다. 자동차 전조등으로 불빛을 비춰서 배 안에서 낚시하고 있는 노무현 국회의원을 찾았다. 그렇게 노무현 국회의원을 다시 국회로 데리고 오며 나의 사표는 흐지부지돼 버렸다.

나의 대장이었던 노무현 국회의원은 험한 길로만 다녔다. 1990년 노무현 국회의원은 자신을 공천해 줬던 통일민주당 김영삼 총재와 결별한다. 집권 여당과 두 개 야당의 '3당 합당'을 '야합'이라 반대했다. 그것이 시작이었다.

1992년 3월 치러진 제14대 국회의원 선거에서 민주당 소속으로 부산 동구에 재출마했지만 재선에 실패했다. 1995년 제1회 전국동시지방선거에서 부산광역시장 후보로 출마했지만 역시 낙선했다. 1996년 제15대 국회의원 선거에서 서울 종로구에 출마하지만 여당 후보 이명박, 국민회의 이종찬 후보에 밀려 3위로 낙선했다. 연거푸 세 번 낙선하자, 부침 없이 뭐든 뚝심 있게 밀고 나가던 나의 대장 입에서 "힘들어서 못 하겠다"는 말이 나왔다.

그러나 거기서 멈출 수가 없었다. 내게는 꿈이 있었다. 몇 년 전 온 가족에게 공표한 나의 꿈! 그러나 아무도 믿지 않았던 나의 꿈은 '노무현 대통령 만들기'였다.

시간을 거슬러 1993년 봄, 나는 한가로이 봄을 만끽하고 있었다. 막 민주당 최고위원 경선을 마친 뒤였다. 낙선한 국회의원은 갈 곳이 없다. 불러주는 곳도 없고 할 일도 없다. 원외에서 버티자면, 불러줄 곳과 할 일이 필요했다. 그래서 노무현 전 국회의원에게 민주당 최고위원 선거에 나가자고 했다. 초선 국회의원, 거기다 재선에 실패한 전 국회의원에게는 어려운 싸움이었다. 하지만 없던 입지도 만들어야 하는 상황에서 물러나 있을 수만은 없었다. 총력을 기울였고, 전국의 대의원들을 찾아다니며 노무현 후보를 알리고 표를 부탁했다. 선거를 마치고 노무현 전 국회의원은 마흔일곱의 나이로, 최연소 최고위원으로 당선되었다.

앞으로 펼쳐질 가시밭길은 모른 채 나는 한시름을 놓았다. 그 상태로 아내와 늦은 신혼여행을 떠났다. 처갓집 식구들도 동행했다. 우리는 차를 빌려 미국 횡단 여행을 시작했다. 미국은 다른 대륙과 달리 자동차 여행 인프라가 잘 갖춰진 곳이다. 1926년부터 개통된 프리웨이freeway(간선도로와 고속도로)와 하이웨이highway(고속도로)를 합치면 25만km가 넘는다. 도로망을 타고 동서남북 미 전역을 돌았고 도시와 자연, 학교와 공장 지대 모두를 보았다. 광활한 도로를 달리며 "무엇을 할 것인가?"에 대한 고민도 했다.

"인간 노무현을 대통령으로 만들겠습니다."

당시는 누구도 내 말을 귀담아듣지 않았다. 그러나 노무현 국회의원을 5년 동안 지켜본 나는 확신이 있었다. 아내와 처갓집 식구들 모두 '실현될 꿈'이라는 믿음은 하나도 없이 나의 이야기를 들었다. 그러나 나는 가슴이 뛰기 시작했다. 나의 꿈이 너무 좋아서.

끊임없이 물어보기

요즘 청년들에게 '꿈'에 대해 이야기를 꺼내면 '꼰대' 소리를 듣고 만다. 틀린 말이 아니다. 이미 나도 귀가 순해진다는 이순耳順의 나이를 지나고 있다. 그러나 꼰대라는 불명예를 안고라도 쓰고 싶다. 꿈이 없는 삶은 얼마나 황량하고 서글픈가. 청년들에게 꿈 이야기를 꺼내면 두 가지에서 말문이 막힌다.

첫째는 '꿈이 대체 무엇인가?'다. 없어서 방황하는 청년들이 더 많다. 혹자는 입시 위주의 학교 교육을 받고 제대로 꿈을 고민하지 못한 채 어른이 될 수밖에 없는 현장을 비판한다. 또 혹자는 대부분의 사람은 꿈을 모른 채 어른이 된다며, 적성이 아니라 적응의 문제로 접근해야 한다고 말한다.

둘째는 '취업 걱정'이다. 좋은 일자리를 얻는 것이 바늘구멍을 통과하는 것보다 힘들다. 우리나라 취업 시장은 '12% vs. 88%'로 양분화 돼 있다. 모두가 선망하는 대기업 정규직은 12%밖에 안 된다. 나머지 88%는 대기업 비정규직, 중소기업 정규직, 중소기업 비정규직이다. 막상 취업을 해도 문제다. 대졸 신입사원의 1년 내 이직률은 10%를 넘는다. 중소기업은 신입사원 세 명 중 한 명이 2년 내에 퇴사한다. 직장 생활을 하는 상당수가 지금 다니는 직장에 만족하지 못한다. 이유야 다양하겠으나 '지금 멈춰야 하나, 계속 가야 하나'를 고민하는 데 시간과 에너지를 허비한다.

이런 현실 때문에 한국 기업을 배경으로 하고 인턴사원인 주인공과 동기들, 회사 내 수많은 캐릭터가 등장하는 〈미생〉이 그토록 많은 사랑을 받은 게 아닐까. 최소한 〈미생〉 등장인물의 대부분은 '완생으로 나아간다'는 목표가 있다. 그것이 계약 성사든, 승진이든, 정규직으로의 전환이든 개개인마다 회사에 머물 이유가 되어준다. 게다가 어쨌든 페달을 굴리고 있다는 안정감과 어렵고 힘든 시기를 함께 나눌 동료가 있다는 것은 얼마나 큰 위로와 위안이 되는가. 밤을 새도 좋고 땀에 절어도 좋으니 함께 '으샤으샤' 일하고 싶은 '열정'을 다시 타오르게 한다.

2010년대 초반에 〈아프니까 청춘이다〉라는 책이 대유행을 했다. 깊이 있는 정독까지는 하지 못했지만, 책을 살펴본 나는 솔직히 제목이 마음에 들지 않았다. 청춘은 왜 아파야 할까? 젊다고, 청춘이라고 아픈 걸 견뎌야 하고 아픈 걸 당연하게 받아들여야 하나? 청춘이 아프지 않게 하는 게 기성세대의 의무 아닌가? 직무 유기를 하는 현실을 반성하게 된다.

국회의원 시절 학부모들과 함께 거창고등학교를 방문했다. 1953년 개교한 거창고는 개방형 자율학교로 전 학년 학생이 300명이 되지 않는 크지 않은 학교다. 전교생이 기숙사에서 생활하고 교복은 입지 않는다. 두발 규정도 없다. 그러나 입시뿐만 아니라 여러 면에서 좋은 성과를 보여주고, 재학생들과 학부모들의 만족도도 높아 전국적인 명성을 얻고 있다. 나와 일행은 일종의 수학여행이라 생각하고 거창고를 찾았다. 직접 답사하며 어떻게 성공적인 교육을 이뤄내고 있는지 알아보고 싶었다.

정문에 도착하니 수수한 차림에 슬리퍼를 신은 나이 든 어르신이 우리를 맞이했다. 다들 수위쯤으로 이해했다. 어르신은 우리가 움직일 동선을 안내하며 갈 곳을 알려주었다. 일행들이 한 곳에 모여 기다리니 어르신이 다시 나타났다. 그는 자신을 교장선생님이라 소개했다.

"거창고는 시골에 있지만 전국적으로 알려진 명문 고등학교가 됐습니다. 비결이 있으신가요?"

교장선생님의 답변은 단순하고 담백했다. "너의 꿈은 무엇이니?"라고 끊임없이 물어본다는 것이다. 빠른 아이는 1학년 1학기에, 늦는 학생들도 1년 안에는 자신의 꿈을 찾아낸다고 했다. 이후로는 걱정할 일이 없다고 했다. 불편한 기숙사 생활에도 적응한 혈기왕성한 청춘들은 젊음의 힘으로 어떻게든 자신의 꿈을 향해 질주한다는 것이다. 10대 시절 우리에게 '돌도 씹어 먹을 나이'라고 응원하시던 어른들 말이 떠올랐다.

덧붙여 교장선생님은 교사들의 역할은 단순하다고 했다. 학생들이 언제 어디서든 질문을 할 수 있는 곳에 항상 자리를 지키고 있는 것이 교사의 일이라고 했다. 실제 거창고등학교는 언제든 학생들이 찾아올 수 있게 자리를 지정해 당번 교사제를 운영한다고 했다.

'꿈을 찾는 일'은 일찍 시작하는 게 맞다. 그리고 가급적 많이 물어야 한다. 반대로 꿈을 찾지 못하는 이유는 지속적으로 묻지 않아서다. 타인에 의해서든 스스로든 묻지 않으니 답도 찾을 수 없는 것이다. 조급하지 않게 너무 무겁지도 않게 계속 물어야 한다. 방황이란 꿈을 찾아가는 자만이 누릴 수 있는 특권이다.

혹자는 꿈은 클수록 좋다고 하지만 나는 원대하지 않아도 된다고 생각한다. "조금 여유 있는 일을 하며 가족을 꾸리고 직접 아이를 돌보고 싶다"는 소망도 "돈을 많이 벌어서 남들에게 베풀고 선한 영향력을 행사하며 살고 싶다"는 목표도 모두 가치 있다. 자신에게 솔직하고, 의미 있는 것이면 된다. 당장, 짧은 기간의 계획이어도 좋다. 어떤 기회든 임하는 자세에 따라 좋은 디딤돌이 될 수 있다.

바둑에서 인생을 먼저 배웠던 주인공 장그래는 사회생활의 우여곡절 앞에서 스승에게 배운 중요한 사실을 복기한다. 바둑 스승의 주요 가르침은 꿈을 향해 돌진하는 청년들뿐만 아니라, 꿈을 찾아 헤매는 청년들에게도 유의미하다. 그중 내가 크게 공감 갔던 건 이루고 싶은 게 있다면 체력을 먼저 기르라는 가르침이다.

바둑 스승은 장그래에게 승부를 잘 이어가던 사람이 후반에 무너지는 이유, 데미지를 입은 후에 회복이 더딘 이유, 실수한 후 복구가 더딘 이유가 다 체력의 한계 때문이라고 귀띔한다. 체력이 약하면 빨리 편안함을 찾게 되고 자연히 인내심도 떨어지게 된다. 또한 누적된 피로감을 견디지 못하면 승부 따위는 상관없는 지경에 이르게 된다는 것을 강조한다. 바둑 스승은 장그래에게 이기고 싶다면 네 고민을 충분히 견뎌 줄 몸을 먼저 만들라고 말한다. 정신력은 체력의 보호 없이는 구호밖에 안 된다는 말 또한 덧붙인다. 성공의 씨앗이라고 하는, '어떻게든 나는 할 수 있다!'는 긍정적인 자세와 마음도 버틸 체력이 있을 때 유지할 수 있다.

나아가 청춘이 더 이상 아프지 않으려면 무엇이 필요할까? 실상 청년들의 문제는 우리 사회의 고질적인 문제와 궤를 같이한다. 청년들이 우리 사회에서 '약자'이기 때문이다. 교육 문제, 주거 문제, 빈곤 문제, 일자리 문제 모두 약자에게 일어나는 문제다. 청년들은 모든 문제를 다 떠안고 있는 계층이다.

나는 국가가 할 수 있는 일들을 기준으로, 정책으로 연결될 수 있는 몇 가지 대안을 제시한다. 첫째는 무상교육의 확대다. 북유럽 선진국들은 국가가 교육을 책임진다. 재원은 세금이다. 증세에 대해 반감을 우려하지만, "후대들의 교육을 위해 세금을 더 걷어야 한다"는 정책적 당위가 뒷받침되면 가능하다. 국회의원과 도지사 시절 교육 재원 확보를 위해 직접 발로 뛰어 보았다. 많은 기관에서 가장 먼저 지원을 해주는 분야가 바로 교육이다. 국민적 합의에 도달할 수 있으리라 기대한다. 대학 학자금이라는 빚에 짓눌린 채 사회에 첫발을 내딛는 청년들이란 얼마나 가엾은가. 청년들이 그런 생활을 하도록 방치해선 안 된다.

둘째는 필요한 교육을 적절히 제공하는 것이다. STEM 교육을 강화해야 한다. 21세기 4차 산업혁명이 거창한 것 같지만, 현실의 소소한 곳에서 다양한 변화가 일어나고 있다. 대표적인 것이

'키오스크의 대중화'다. 4차 산업혁명으로 의사나 변호사 같은 고급 일자리가 대체될 것이라 이야기하지만 실상은 단순 업무, 누구나 대체 가능한 업무들부터 기계에 넘어가고 있다. 기계와 AI가 대체할 수 없는 일이거나 기계와 AI를 직접 만드는 일을 해야 한다. STEM 교육은 '만드는 일'이다. 미래에 해당 분야와 관련한 인력을 양성하면 자연스럽게 일자리 문제를 해결할 수 있다. 교육제도를 개편하는 일이 청년 일자리 문제 해결의 실마리가 될 것이다.

셋째는 주거 공간의 확충이다. 강원도지사 시절, 지역 학교의 기숙사 건축에 많은 예산을 지원했었다. 머리를 맞대면 못 할 일도 아니다. '주택 문제'는 실타래가 얼기설기 엉켜 있어 풀기 어려운 것 같지만 단순하게 생각하면 된다. 수요가 있는 곳에 공급을 늘리면 된다. 청년 주택의 경우 민간에서 해결해 주길 기대하는 데에도 한계가 있다. 1인 가구 청년들을 위한 주거 공간을 확보하는 정책을 강화해야 한다.

넷째는 창업을 원하는 청년들에게 충분한 기회를 주는 것이다. 권위주의 문화에서 탈피한 요즘 세대들은 하고 싶은 것이 많다. 회사 조직이 최선이라고 생각하지도 않는다. 청년 창업가들이 많아지는 것은 전 세계적인 트렌드다. 그들의 혁신이 사회와 국가, 그리고 전 세계를 더 나은 곳으로 만들고 있다. 우리나라의 청년들도 스타트업 기업을 세운 세계 여러 나라의 청년들과 어깨를 나란히 할 수 있도록 정책적 허들을 없애고 환경을 개선해 줘야 한다. 무엇보다도 가장 중요한 것은 실패를 용인해 주는 사회 구조와 분위기다.

20대부터 국회의원 보좌관 일을 시작해 지금까지 거의 쉼 없이 달려왔다. 일 잘한다는 칭찬도 많이 들었다. 노무현 대통령의 경우 성실함도 성실함이지만 영민함도 남달랐다. 그를 보좌하는 일이 쉽지만은 않았다. "어떻게 그 일들을 다 처리해 내느냐?"는 질문도 많이 받았다. 까딱 잘못하면 일에 파묻혀 헤어 나오지 못할 상황도 많았다. 그때마다 몇 가지 원칙을 세워 실행했다.

첫째, 책상머리에서 일하지 않는다. 반드시 현장을 확인한다.
둘째, 성급하게 시작하지 않는다. 기획을 먼저 세우고 뼈대를 만들어 진행한다.
셋째, 일은 사람이 하는 것이다. 사람의 말을 충분히 듣는다.
넷째, 열정을 이길 수 있는 것은 없다.

나의 열정은 '내가 선택권을 제시하는 것'이었다. 사회문제, 해결 방안, 실행 방법…. 먼저 모든 자료조사를 해서 중요도를 분류하고 충분한 가능성을 타진한 후 보고를 했다. 주관식이지만 객관식 보고였다. 대부분 서로 공감하는 범위 내에서 가르마가 타졌고 그 순간부터 오히려 일의 내용과 범위가 현격히 줄어들었다. 나머지는 버리고 선택된 내용에 집중해 일을 벌이면 됐다. 그렇게 내가 직접 벌인 일들을 내가 해결하고 있으니, 누구의 뒤를 따른다기보다 반보 앞서는 마음이 들었다. 반보 앞서는 이는 뒤쫓아 따라가는 이보다 늘 여유 있기 마련이다.

〈미생〉의 장그래를 보며 부딪치고 깨지고 그러면서 앞으로 나아갔던 20대의 나를 여러 번 떠올렸다. 그를 본 모든 이들이 나와 비슷한 감회를 느꼈을 것이다. 그리고 질문했을 것이다.

"나는 완생을 살고 있는가?"

아직도 나는 이 질문에 대한 답을 찾아가고 있다. 드라마의 주제와 여러 현실 문제를 놓고 많은 이들과 이야기할 기회를 얻게 된 것은 크나큰 즐거움이다. 무엇보다 완생을 위해 남아있는 인생의 날들도 열심히 살아야겠다는 다짐도 했다.

기성세대에게 주어진 숙제를 다 완수하는 날까지 힘껏 달려 볼 요량이다.

4장

82년생 지영 씨와 이상한 변호사 영우 씨

〈82년생 김지영〉
〈이상한 변호사 우영우〉

입에 발린 소리

〈82년생 김지영〉은 한국 사회에 센세이션을 불러일으킨 작품으로, 원작은 '민음사'에서 출간한 조남주 작가의 소설이다. 동명의 영화로도 제작되며 큰 반향을 몰고 온 이 여성 문학은 국내 150만 부 이상, 세계적으로는 200만 부 이상 팔려 나갔다. 나는 이 작품에서 엄마의 엄마(외할머니)로 빙의된 딸 김지영이 자신의 엄마를 염려하는 대목이 가장 인상 깊었다. 〈82년생 김지영〉을 책으로도 영화로도 보면서 '남성'으로 살아온 나는 얼마나 무지했고 무심했던가 많이 반성했다.

1980년대 초까지만 해도 우리나라 출생 인구는 80만이 넘었다. 한국전쟁 이후 태어난 베이비붐 세대들이 자녀를 낳을 때라 그 수가 적지 않았다. '지영'은 당시 태어난 여자아이들에게 가장 많이 지어진 이름이다. 그래서 1982년생 김지영은 한국 베이비부머들의 딸 세대, 그중에서도 여성을 대표하는 인물이다. 또한 2001년은 82년생들이 대학에 들어간 해인데, 당시가 우리나라 최초로 대학 입학생의 남녀 성비가 50대 50으로 동등해진 해였다. 명목상으로 82년생들부터 교육에 있어서만큼은 남녀평등이 이루어진 셈이다.

  김지영은 대한민국에서 태어나 '보통의 삶'을 살아온 여성이다. 그런데 그 삶이 전혀 평범하지 않았다. 지영은 원래 뒤로 여동생을 보게 돼 있었다. 그러나 엄마 뱃속에 있던 동생은 성별이 여자라는 이유로 낙태를 당했다. 남동생이 태어난 이후 할머니는 당신의 아들인 가장家長 다음으로 남동생을 챙겼다. 지영은 여성이라는 이유로 대중교통에서 성추행의 표적이 되고, 짝사랑을 권리로 착각한 남학생에게 스토킹도 당한다. 남성 중심의 대학과 사회에서 밀리고 치인 일들도 잦았다. 특별히 나쁜 남자를 만나 엄청 가부장적인 집안에서 시집살이를 한 것도 아니었건만 아내 된 죄로, 아이를 낳은 엄마 된 죄로 힘든 순간을 참고 인내하며 살아야 했다. 일을 놓고 아기를 돌보는 중에는 사회로부터 '잉여인간' 취급을 받고, '맘충Mom+蟲' 소리까지 들어야 했다.

  지영이 뭔가에 씐 듯 이상한 소리를 하기 시작한 것은 아이를 낳고 얼마 뒤였다. 지영의 친정엄마는 아픈 딸을 찾아와 앞으로 자신이 잘 돌봐주겠다고 다독이지만, 지영은 외할머니로 빙의해 역으로 자신의 엄마를 위로한다. 그러지 말라고, 그동안 충분히 애쓰며 잘 살아왔다고.

아마도 김지영의 엄마, 미숙 씨는 내 누이 또래일 듯싶다. 그래서 사실 82년생 김지영보다 나는 그의 엄마 미숙 씨가 더 안쓰러웠다. 1950년대 중후반에 태어나 1970년대부터 우리 사회의 산업 역군으로 뛰었을 수많은 미숙 씨가 내 주변에 있었다. 그녀들은 공장뿐만 아니라 사회 곳곳의 가장 낮은 데서 일하고 있었다. 개 중에는 자신만을 책임지며 미래를 기약하는 이들도 있었지만, 가정을 책임지고 여러 몫을 살아내는 이들도 많았다. 내가 '선생님' 소리를 들으며 야학을 다니는 동안 그녀들은 생활전선을 누비고 있었다. 젊은 날 내가 만났던 수많은 미숙 씨는 어디서 무얼 하며 살고 있는지, 잘 살고는 있는지 가끔 그 안부가 궁금해진다.

나의 어머니는 적극적인 여성이었다.
내가 어릴 때까지 어머니가 할머니의 말씀을 거역한 일은 거의 없었다. 그러나 할머니와 함께 살던 집을 나와 새 살림을 차릴 때는 결코 물러서지 않았다. 할머니는 "장손이 집을 나간다는 게 말이 되느냐!"며 불호령을 내셨지만, 어머니는 살기 위해서, 일곱 명의 아이들을 잘 키우기 위해서 어쩔 수 없는 일이라고 대꾸하셨다. 결국 며칠 뒤 할머니와 할아버지를 두고, 방앗간을 차리기로 한 집으로 우리 아홉 식구만 이사를 갔다.

주말마다 나는 용돈을 헐어 사탕꾸러미를 샀다. 작은 주머니를 찰랑찰랑 들고 경쾌하게 걸어오는 손자를 할머니는 기뻐 맞으셨다. 어색해진 할머니와 어머니 사이를 알 만큼 철이 들었던 나는, 있는 아양 없는 재롱을 동원해 할머니를 웃겨드렸다. "머리에 넣어둔 지식은 누가 도둑질해 가지 못하는 것이니 열심히 공부해라" 그때 할머니는 어머니가 하던 덕담을 여러 번 반복해 말씀하셨다.

할머니의 반대를 무릅쓰고 차린 방앗간은 모두의 걱정에도 불구하고 빠르게 자리를 잡아 갔다. 아버지도 공무원 생활을 그만두고 방앗간 설비를 맞춤하는 일을 시작했다. 살림은 나날이 좋아졌다. 가세가 바로 서면서 어머니의 기세도 환해졌다.

어머니의 비상한 머리는 스스로에게 가장 큰 자원이자 우리 식구의 복이었다. 명절만 되면 방앗간에는 긴 줄이 선다. 떡을 만들 쌀도 빻고, 자식들 손에 들려 보낼 고추도 빻았다. 고소한 참기름, 들기름도 졸졸졸 흘렀다. 바쁘게 돌아가는 통에 누구 하나 장부 쓸 겨를이 없었다. 그러나 어머니는 애당초 장부 따위는 필요치 않은 분이었다. 하루를 마감할 때는 머리로 다 기억해 셈까지 끝내 놓으셨다. 저녁에 마감하고 하루 수입을 모아보면 어머니의 어림과 거의 맞아떨어졌다.

어머니의 총기와 일이 되게 하는 추진력, 사람들을 늘 밝게 맞으시는 친화력을 경험한 나는 '여인의 삶'이 남자와 별다른 것이 있으랴 싶었다. 최소한 우리 집에서 어머니는 아버지보다 못한 사람이 아니었고, 누이들 역시 나보다 쳐진 이들이 없었으므로 그런 줄로만 알았다.

현실은 판이하다는 걸 깨달은 건 오래지 않아서였다. 내 어머니는 초등학교를 간신히 졸업했다. 그 시절, 학교를 길게 다니지 못한 여성은 내 어머니만이 아니었다. 1970년 우리나라에서 대학교 졸업 이상의 학력을 가진 여성은 전체 인구 중 1.6%에 불과했다. 84.7%가 초등학교 졸업 이하였다. 중학교 졸업은 8.2%, 고교 졸업은 5.5%였다. 이는 당시 남성의 절반 혹은 1/3 이하의 수치였다.

신기하게도 1965년부터 우리나라 남녀의 대학 진학률은 크게 차이가 없는데 이는 고등학교 졸업생을 기준으로 했기 때문이다. 과거, 고등학교 재학생은 남학생이 월등히 많았다. 1986년에는 2.7배 더 많았고 1997년까지도 남성이 두 배나 많았다. 내가 대학에 입학하던 시절 여자 대학생과 남자 대학생의 비율은 3대 7 정도였다. 엄밀히는 30%에도 미치지 못했다.

개인적으로 나는 교육에 크게 연연하는 편인데, 학교가 최소한의 울타리라고 생각하기 때문이다. 안전망이 갖춰지지 않은 사회일수록 어린이와 청소년들이 맞닥트리는 사회는 거칠고 고되다. 교육 현장으로 들어오지 못한 어린이와 청소년들은 생활 전선에 내몰리게 된다. 실제 당시 학교라는 울타리에 들어오지 못한 많은 아이들이 산업 현장으로 바로 뛰어들어야 했다.

1970~1990년대까지 대한민국은 여공들을 산업 역군으로 추켜세웠다. 그러나 입에 발린 소리만 할뿐 그들에 대한 대우는

좋지 않았다. 여성의 출발선은 남성보다 한참 뒤에 있었다. 배운 사람이라고 다르지 않았다.

대학교 재학 시절 기업에 취직해 일하는 선배들에게 급여니 호봉이니 하는 이야기를 전해 들었다. 남성과 여성은 심지어 같은 대학교, 같은 학과를 졸업했어도 급여 차이가 많이 났다. 고등학교를 졸업한 사원이 5급을 받으면 대학교를 졸업한 여성은 4급을 받는데, 대학교를 졸업한 남성은 같은 대졸 여성보다 한 단계 위인 3급을 받는 식이었다. 군필자는 호봉 산정을 추가로 더해 주니 남녀의 실질적인 임금 격차는 더 커질 수밖에 없었다.

1987년 '남녀고용평등법'은 획기적인 전환을 가져왔다. 1987년 6월 전국적으로 민주항쟁이 벌어졌고 전두환 대통령은 제6공화국 헌법을 국민의 의견을 수렴해 마련하겠다며 '6·29 민주화 선언'을 발표했다. 1987년 10월 29일, 개정된 헌법의 제32조 4항은 "여자의 근로는 특별한 보호를 받는다"에서 "여자의 근로는 특별한 보호를 받으며, 고용·임금 및 근로 조건에 있어서 부당한 차별을 받지 아니한다"로 변경되었다. 이를 바탕으로 그해 12월 '남녀고용평등법'이 마련됐다. 남녀에게 평등한 기회와 대우를 보장한다는 설립 취지를 명시한 것이다. 고용에 있어 남녀는 비로소, 법적으로나마 동등해졌다.

아내의 꿈

아내는 내게 여성의 삶을 보여준 또 한 사람이다.

아내는 눈빛이 맑고 사리가 분명하며 정이 많은 사람이다. 내가 노무현 국회의원실에 있을 때 출입 기자로 찾아온 그녀였다. 취재원 자격으로 몇 번 만난 후에 누가 먼저 사귀자고 이야기를 했는지 모르게 연인 사이로 발전했다.

그런데 데이트를 몇 번 하지도 못했을 때 아내가 부산으로 발령이 났다. 요즘 말로 '롱디long distance 커플'이 된 우리는 자연스럽게 장거리 연애를 시작했다. 주5일 근무제가 시작되기 한참 전이라 토요일 오후가 돼야 공식적인 업무가 마무리 됐다. 잔업이라도 있으면 퇴근 시간은 더 늦어졌다. 나는 거의 매주 퇴근과 함께 부산행 기차를 타러 서울역으로 갔다. KTX도 없던 시절이라 다섯 시간 안팎 걸렸다. 한밤중에 부산에 도착해 여관에서 잠을 자고 다음날 이른 아침부터 아내를 만나러 갔다. 데이트를 하고 일요일 자정 즈음 기차를 타면 월요일 새벽 네 시쯤 서울역에 떨어졌다. 사우나에 들러 잠깐 눈을 붙이고 의원실로 직행했다. 젊었고 사랑까지 했으니 가능한 스케줄이었다. 가끔은 아내가 대구나 밀양까지 올라오기도 했다. 기자 생활로 바쁜데 그만한 배려도 감사한 일이었다. 핸드폰이 없고 삐삐가 대세였던 시절이라 우리는 삐삐로 주로 연락을 했다. 그마저도 감지덕지했다. 그렇게 2년여를 보내고 나는 부산 해운대에서 청혼을 했다.

결혼까지는 대체로 순탄했고 무탈했다. 각기 살아온 사람이 한 집에 살며 부딪히는 일들이야 당연히 있는 일이고, 사소한 문제들은 같이 궁리하며 해결해 가면 됐다. 본격적인 '난제'는 아이가 태어나고 시작됐다.

아내는 출산휴가를 오래 쓰지 못했다. 3개월도 다 채우지 못하고 출근을 했다. 당연히 나도 출근을 하고 있었다. 우리는 원주에 계신 부모님께 딸아이를 맡기기로 했다. 주말마다 딸을 보러 부모님 댁에 갔다. 아이를 두고 돌아오는 발길이 천근만근이었다. 지금 와 생각하니 아내의 마음은 오죽했을까 싶다. 결국 몇 달 버티지 못하고 딸아이를 서울로 데려오기로 했다. 아이를 봐줄 이모님을 집 근처에서 구했다. 이모님 댁에 아이를 맡기고 일을 하러 갔다가 퇴근길에 데리고 집으로 왔다. 비록 종일 보지는 못해도 함께 먹고 함께 자니 생활이 훨씬 안정되고 좋았다. 두 살 터울로 둘째를 낳고도 비슷한 생활을 이어갔다.

그러다 아이들이 학령기에 들어가니 아내의 마음이 흔들리기 시작했다. 먹이고 입히고 재우는 일은 남의 손을 빌릴 수 있지만 가르치는 것은 그렇지 않다고 생각한 모양이다. 옆에 끼고 직접 아이를 가르치지 않더라도 잘 배우고 잘 자랄 수 있게 부모가 도와야 한다고 생각했다. 아내는 언제 다시 기자 생활을 시작한다는 기약 없이 사표를 썼다. 그리고 다시는 회사로 돌아가지 못했다.

지금 첫째 딸아이는 우리 부부가 처음 만났던 때만큼 성장했다. 그 사이 우리나라 출생 인구는 연간 70만 명에서 27만 명으로 줄어들었다. 정부에서는 저출산 정책에 300조 원에 이르는 막대한 비용을 쏟아붓고 있다. 하지만 줄어든 출산율은 다시 올라갈 기미가 보이지 않는다.

딸아이는 서슴없이 언젠가 결혼도 하고 아이도 낳을 것이라 말한다. 자신의 아이를 잘 키울 욕심을 벌써부터 내고 있다. 솔직히는 내 부모님이 그러했던 것처럼 나도 딸아이의 사회생활을 응원하며 손주를 봐 주고 싶다. 실현 가능한 계획도 세워본다. 그러나 이왕이면 내 딸이 결혼도, 출산도, 육아도 덜 힘들게 하면 좋겠다. 사회안전망이 잘 갖춰져 결혼하고 아이를 낳아 키우는 일이 고되고 힘들지 않은 세상이 얼른 찾아오기를 바란다. 딸 가진 아버지의 당연한 소망이다.

나는 1남 6녀의 장남이다. 형제자매 이야기를 들으면 으레 '늦게 얻은 막내아들'쯤으로 나를 생각한다. 줄줄이 딸 여섯을 낳고 마지막에 아들을 낳은 어머니의 함박웃음을 떠올린다. 실상은 그렇지 않다. 나는 누님이 한 분 있고 아래로 여동생들이다. 부모님은 오로지 자식을 많이 낳고 싶은 욕심에 7남매를 낳아 키우셨다. 그래서 어릴 때 아들로 태어난 특혜는 누리지 않았다고 '나는' 생각한다. 그럼에도 살면서 남성으로 태어난 것이 내 세상살이에 도움이 됐다는 것을 인정하지 않을 수 없다. 대한민국에서 '남성'으로 태어난 것도 우리 세대를 살아낸 이들에게는 일종의 권력이었다.

"당신은 꿈이 뭐야?"

결혼하자고 했을 때, 아내가 될 사람이 물었다. 그때 나는 "일가一家를 이루는 것"이라고 답했다. 이는 학문이나 기술, 예술 등의 분야에서 독자적인 경지나 체계를 이루는 것을 뜻한다. 지금까지도 그 꿈을 이루지는 못했다. 그래서 그날의 대답이 거짓말이 될까 두렵기도 하다.

그러나 이제 와 생각해 보면 내가 두려워할 것은 그것만이 아니다. 30여 년 전에 나는 내 아내가 될 사람에게 묻지 못했다. 당신의 꿈은 무엇인지, 그 꿈을 어떻게 함께 이루어 갈지 묻지 못했다. 딸아이도 아내와 같은 대접을 받는다면 나는 무척이나 서운할 것이다.

게다가 나는 불과 몇 년 전까지 낙제점을 받는 아빠였다. 아이 둘 다 내 뒤를 따라다녔으나 나는 내 꿈을 따라다니기에 바빴다. 일찍 나가 늦게 들어오니 잠든 아이들 얼굴을 보는 것이 다였다. 마흔 살이 되던 2004년, 16년의 참모 생활을 접고 홀로서기를 시작했다. 국회의원은 만인의 을乙이지만, 가족들에게는 죄인이다. 나는 남편으로 아빠로 제 역할을 하기가 불가능했다.

2011년 강원도청을 떠나 칭화대학교에 부임하러 갈 때 둘째인 아들을 데리고 가려 했다. 별로 살갑지 않았던 아빠의 제안에 아들은 입을 삐죽거렸다. 남들이 좋다고 하는 미국도 아니고 영국도 아니고 하다못해 싱가포르도 아닌 중국에 가자고 하니 내켜 할 리 없었다. 그러나 나는 아들을 꼭 데려가고 싶었다. 그간 못

딴 점수를 만회하자 작심을 했고, 공을 들여 아들을 설득했다.

그해 이른 겨울 아들과 나는 함께 출국을 했다. 몇 달 후 나는 칭화대로 아들은 칭화대 부속학교로 같이 등하교했고, 많은 시간을 보냈다. 그때 깨달은 것은 자식들은 늘 부모에게 기회를 준다는 것이다. 부모들은 늘 자신들이 자식을 용서하고, 자식 이기는 부모가 없다고 하지만 자식 입장에서도 마찬가지다. 서운하게 하고 속을 쓰리게 한 부모라도 용서를 구하면 마음으로 받아주고 다시 기회를 준다.

아들과 함께하며, 홀로 두 아이의 육아를 감당했을 아내를 떠올렸다. 내 아버지 세대와 내가 산 세상이 다르듯, 나의 어머니와 내 아내도 달라야 했다. 그러나 결혼하고 육아를 하는 과정은 둘 다 비슷하게 어려웠다.

1989년 4월 '모자복지법'이 제정되고 여성의 임신과 출산을 보호하기 위한 여러 입법이 이루어지고 1990년대 성폭력, 가정폭력, 성매매 관련 특별법이 마련되는 등 갖가지 성 평등을 지향하는 법들이 만들어졌지만 현실의 어려움들은 여전히 남아 있다. 우리 세대도 온전히 법이 주는 평온을 누리지 못했다. 다음 세대는 달라야 한다는 아버지의 욕심이 또 한 번 발동되는 부분이다.

〈82년생 김지영〉〈이상한 변호사 우영우〉

스스로 밥상을 차릴 기회

옷 한 벌도 없이 맨몸으로 세상에 나왔다고 하지만, 태어날 때부터 손에 쥔 특권도 있다. 건강이 1번이다. 내 어릴 적 시골에서는 어느 동네나 '모질이'로 불리는 친구가 한두 명씩 있었다. 그들을 볼 때마다 온전한 몸과 마음을 갖고 있다는 것에 대한 감사와 옅은 죄책감이 함께 일었다. 나이가 들수록 거저 얻은 건강이 가장 큰 재산이란 생각도 든다.

여기서 부모의 마음으로 조금 더 달라졌으면 하는 세상의 모습도 있다. 장애인에 대한 사회적 대우와 배려다. 우리는 모두 장애인이 될 수 있고, 장애인의 부모가 될 수도 있다. 그러한 가능성을 기준으로 생각해 보면 우리 사회는 참 불편하고 그만큼 각박하다.

공직에 있다 보면 어머니들을 만날 기회가 많다. 그중 가장 가슴 아팠던 일은 장애아를 키우는 어머니들의 하소연을 듣는 것이었다.

'장애인'을 '오래長 사랑받을愛 사람人'으로 묘사하는 이들도 있고, 실제 자신의 자녀를 그렇게 생각하는 부모들도 있다. 그러나 이는 모성애의 위대함에 의해서든, 종교의 힘에 의해서든, 주변의 도움을 받아서든 그렇게 마음먹을 '여유'가 어느 정도 생겼을 때의 일이다.

유아기의 지능을 넘어서지 못한 아이가 어른의 몸만큼 커졌을 때 부모의 당혹감은 상상을 초월한다고 한다. 말로도 힘으로도 자녀를 제어할 수 없으니 점점 나이 들어가는 자신의 상황이 두렵기까지 하다.

게다가 장애 아이가 성인이 될 때는 또 한 번 시험이 시작된다. 청소년기까지는 학교를 보내 교육과 돌봄을 위탁할 수 있지만 성인이 돼 학교도 졸업하면 하루 24시간을 온전히 부모가 돌봐야 한다. 정부에서 운영하는 각종 프로그램도 있고, 성인 돌봄 프로그램도 있지만 여건이 허락하지 않는 경우가 더 많다. 하루 종일 집에서 장애아를 돌봐야 하는 어머니는 "내가 천형을 짊어지고 산다"며 자신의 처지를 한탄했다.

> "80년 전만 해도 자폐는 살 가치가 없는 병이었습니다. 80년 전만 해도 나와 김정훈 씨는 살 가치가 없는 사람들이었어요. 지금도 수백 명의 사람들이 '의대생이 죽고 자폐인이 살면 국가적 손실'이란 글에 '좋아요'를 누릅니다. 그게 우리가 짊어진 이 장애의 무게입니다."
>
> _〈이상한 변호사 우영우〉 2022

〈이상한 변호사 우영우〉에서 우영우는 장애인에 대한 우리 사회의 냉대를 지적한다.

이 드라마는 가족들이 함께 모여 즐겁게 볼 수 있던 몇 안 되는 프로그램이자 수작이었다. 나오는 인물들은 참으로 순수하고 맑고 따뜻했다. 우영우의 촌철살인이 쏟아질 때 그래서 더 마음에 잘 스며들었다.

한참 드라마가 화제가 될 때, 의료윤리학자인 연세대학교 김준혁 교수의 글을 한겨레신문에서 읽은 적이 있다(「우영우에겐, 장애를 장애로 만드는, 장애가 없다」2022.07.05.). 김 교수는 산업사회가 되면서 신체 건전한 노동자를 중심으로 세계가 재편됐다고 지적했다. 노동을 할 수 없는 이들 중 치료가 가능한 사람은 환자로, 치료가 불가능한 사람은 장애인으로 분류되었다는 것이다. 장애는 '노동 가능성'을 기준으로 한 분류인 셈이다.

그러나 여기에는 약간의 틈이 존재한다. '만일 신체적 장애나 정신적 장애가 있다고는 해도 주변의 도움으로 문제없는 역할 수행이 가능하다면 그를 장애인으로 분류할 수 있는가?' 김 교수는 장애가 인간을 노동할 수 없게 만드는 속성이라면, 변호사로 활약하는 우영우는 이미 장애인이 아니라고 말한다. 주변 사람의 이해와 도움이 장애인을 장애인으로 만들지 않는다면, 우리는 사회가 제공하는 환경적 요소를 변화시켜야 하지 않느냐는 반문이다.

환경적 요소라는 말이 나와서 말인데, 나는 '자연에는 얼마간 치유의 힘이 있다'고 믿는 사람이다. 어릴 적부터 힘들고 어려운 일이 있을 때는 산에 올랐다. 지금까지도 새벽에 일어나면 부암동 집을 나와 북악산 길을 걷는다. 생각 정리와 더불어 하루를 살아낼 에너지를 충전하기에 그만이다. 개인적으로 아주 기분이 좋아지는 일이라고 느껴 주변에도 적극 권한다. 우리나라는 산이 많은 나라다. 많은 사람이 모여 있는 곳에서는 치유할 수 있는 공간이 적어 보이지만 조금만 시간을 내면 산지로 갈 수 있다. 누구에게나 열려 있는 산이라는 공간이 적극 활용되기를 진심으로 바란다.

그 마음으로 나는 자폐아 부모에게 '조경' 일을 소개해 준 적도 있다. 오래도록 봐 온 자폐아였다. 그의 부모는 자폐는 있지만 신체적으로 온전히 자란 남자아이가 어떻게 살아가야 할지 고민이 많았다. 흙도 만지고 나무도 만지면 틀림없이 정신도 마음도 좋아질 거라고 생각해 조경 업무를 하는 지인을 연결해 주었다. 지인은 조경 일을 충실히 가르쳐 줬고, 현장에도 데리고 다녔다. 덕분에 아이는 몰라보게 좋아졌다. 부모로서는 아이가 먹고사는 일을 찾은 것으로 상당한 걱정거리를 덜었다고 했다.

1960년대부터 스위스의 한 보험사에서는 보험 가입자의 건강 유지가 보험회사에 이익을 준다는 이유로 '숲 체력 단련로'를 설치하기 시작했다. 70년대부터는 독일과 오스트리아 전역으로 확대됐다. 그뿐만 아니라 독일에서는 일반인의 치유 프로그램에도 건강보험이 적용되는데 숲 체험도 이 적용 범위 안에 들어간다. 기능장애(신체적으로는 이상이 없으나 생활 기능에 장애를 일으키는 병. 뇌에 기질적 이상이 없는 정신 이상 따위이다.)와 질환 치유에 산림이 효과적인 것은 여러 사례로 입증되었다.

개인적으로는 우리나라 장애인들뿐만 아니라 부모들에게도 자연 치유 프로그램이 잘 정착해 활성화되었으면 한다. 장애는 개인의 문제지만 가정 구성원 전체의 삶에 커다란 영향을 미친다.

장애가 있는 가족을 돌보는 이들이 행복해야 장애가 있는 개인도 행복할 수 있다. 이를 위해 장애인 부모와 가족들을 위한 지원이 확대되어야 한다.

내가 〈이상한 변호사 우영우〉를 볼 때마다 감명 깊게 와 닿았던 부분이 있다. '고래'가 나오는 장면으로 회마다 어김없이 한두 번씩 고래가 등장한다. 빌딩 숲 사이로 유영(遊泳)하는 고래의 모습은 단연 일품이었다.

"만약 내가 고래였다면 엄마도 날 안 버렸을까?"

우영우의 대사에 많은 이들이 눈시울을 붉혔을 것이다.
최재천 교수의 〈생명이 있는 것은 다 아름답다〉에도 비슷한 이야기가 나온다. 더불어 '인간적 삶을 위해 필요한 것이 무엇인가?'에 대한 답도 알려 준다. 〈생명이 있는 것은 다 아름답다〉는 여러 개의 에세이를 담고 있는데 '고래들의 따뜻한 동료애'라는 장이 특히 인상적이다. 우리는 자연을 약육강식의 법칙이 존재하는 야생으로 이해하지만 고래 사회는 그렇게 비정하지 않다고 한다. 고래는 그물에 걸린 동료를 구하기 위해 고래잡이배 사이에 뛰어들어 사냥을 방해하기도 하고, 동료가 다쳐서 물 위로 올라가 숨을 쉴 수 없게 되면 그들을 떠받치는 동료애를 발휘한다는 것이다.

최 교수는 인도를 가로막은 차 때문에 오도 가도 못하는 휠체어에 탄 장애인을 도와주려 했지만, 쌩쌩 달리는 차 때문에 섣불리 차도로 내려갈 수 없었던 경험담을 소개하며, 따뜻한 동료애를 보여주는 고래들과 달리 제 살길에만 바쁜 우리를 나무랐다.

사회에서 가장 약한 사람을 어떻게 대우하느냐를 보면 그 사회의 성숙도를 알 수 있다고 했다. 성경에서 자주 언급되는 약자는 여성(미망인)과 장애인, 아이다. 예수 탄생 이후 2,000년도 더 지난 지금까지 '약자'의 범주는 달라진 바가 없다는 사실을 기억해야 한다. 물질적인 풍요를 경험하고 있는 우리 사회 그리고 국가가 사회적 약자를 얼마나 잘 보호하고 있는가, 반성하게 되는 대목이다.

우리나라의 등록 장애인은 약 265만 명으로 인구 대비 5.1%에 달한다. 당연히 가까이서 볼 일이 많을 수밖에 없는데, 〈이상한 변호사 우영우〉에 열광했던 우리들 주변에는 장애인들이 그다지 많이 보이지 않는다. 20명 중의 한 명인 장애인을 가까이에서 볼 수 없다는 것만으로, 그들이 맘껏 활보할 수 있는 거리를 조성하지 못했다는 것만으로 우리 사회는 이미 낙제점에 가깝다.

"권민우 변호사는 스스로 밥상을 차려 본 적이 있습니까?"

자폐를 가진 변호사 우영우는 자신을 좋아하지 않는 권민우 변호사에게 묻는다. 그는 성인임에도 불구하고 자신이 스스로 밥을 차려 먹어본 적이 한 번도 없다는 사실을 깨달으며 부끄러움을 느끼고 의기소침해한다. 인간의 독립은 두 발로 서는 것이다.

〈82년생 김지영〉 〈이상한 변호사 우영우〉

세상이 주는 온갖 상처들로부터 스스로를 지킬 수 있는 자존감도 거기서 시작된다. 자기 혼자서 뭔가를 해낼 수 있다는 자기효능감이 높은 사람일수록 자존감이 높고 세상을 긍정적으로 이해한다. 사회적 약자에 대한 배려와 대우도 이러한 생각을 기초로 설계되어야 한다. 스스로 밥상을 차릴 기회를 주어야 한다.

결혼, 출산, 육아, 장애인 돌봄 등 모든 정책에서 마찬가지다. 지원은 하되, 독립된 객체로서 스스로 자립해 나갈 수 있도록 하는 일이 중요하다.

늘 재원 마련이 문제다. 그러나 못할 일도 아니다. 궁하면 통하게 돼 있다.

노무현 대통령은 나의 가족과 어울리는 자리에서 "광재는 사업을 했으면 잘했을 것"이라고 서슴없이 말하곤 하셨다. 우리 가족들도 흔쾌히 공감하는 말이다.

국회 운영 전반의 행정 업무를 관장하는 국회사무처의 총장으로 부임하고, 내게는 고민 하나가 생겼다. 구내식당의 일부로 쓰던 곳을 어떻게 좀 해보려 했는데 도통 실현 방법을 찾을 수 없었다. 평범한 식당으로 쓰기에는 위치가 너무나도 좋은 곳이었다.

그러다 아이디어 하나가 떠올랐다. 국회 내에 있고, 한강을 볼 수 있는 좋은 위치여서 북카페나 커피숍으로 활용하면 좋을 것 같았다. 그런데 선뜻 나서서 하겠다는 업체가 없었다. 수지를 맞추려면 일반인들이 와야 하는데 누가 거기까지 찾아오겠냐는 이야기였다. 아는 프랜차이즈 대표들을 만나 입점만 해주면 어떻게든 도와주겠다고 설득도 했는데 모두 고개를 절레절레 흔들었다. 열한 번 유찰이 그 결과였다.

직접 나서는 수밖에 없었다. 북큐레이션 전문 사서가 선정한 도서들을 비치하고 음료와 빵, 다과를 파는 공간으로 구성하기로 했다. 별정직으로 제빵사도 직접 채용했다. 주변의 만류가 많았다. 수익이 나지 않을 거라고 지레 겁을 먹는 사람이 많았다. 그러나 나는 드넓은 한강이 내려다보이는 '강변서재'가 시민과 국회가족 모두가 이용하는 소통의 공간이 될 것이라고 자신했다. 강변서재는 2023년 9월 문을 열고 곧 흑자로 전환됐다. 북카페 개소 덕분에 만년 적자였던 국회 후생복지위원회도 흑자로 돌아설 수 있었다. 성공적인 경영으로 지금도 많은 시민이 찾는 국회의 명소가 되었다.

복지는 모두 '퍼 주기'라는 고정관념을 버려야 한다. 생각에 생각을 더하면 방법을 찾을 수 있다. 김대중 대통령이 강조하신 '생산적 복지'도 그중 하나였다. 2000년 국민 기초생활 보장제도가 도입되면서 능동적인 노동시장 정책과 사회보험 확대, 여성의 경제활동 지원 정책이 진행됐다. 그 결과로 현재의 사회안전망을 갖출 수 있게 됐다.

낮은 출산율은 우리 사회가 여러 문제를 안고 있다는 것을 보여주는 단면이다.

출산 후 여성은 경력 단절의 위험에 놓이고, '독박육아'를 하며 몸과 마음이 피폐해지는 위기를 겪는다. 용케 아이가 잘 자라

주면 유아기부터는 아이나 부모나 사교육에 시달리게 된다. 맞벌이가 아니고서는 사회적 기준에 맞춰 한 명의 아이를 키워내기에도 버겁다. 자녀가 중고등학생이 되면 맞벌이도 허리가 휜다. 노후 자금으로 저축해야 할 돈들을 모두 아이들 사교육에 쏟아붓는다. 장기적으로는 자녀들의 독립 자금까지 부모의 몫이 된다. 그나마 물려받을 유산이라도 있으면 다행이지만, 연로하신 부모님 봉양까지 해야 하는 상황이라면 중년의 부부는 사면초가에 놓인다.

어디서부터 어떻게 손을 써야 할지 모르겠다 싶지만, 방법이 없는 것은 아니다. 서민들의 삶을 팍팍하게 하는 것은 정해져 있다. 주택, 보육, 교육, 장애인, 의료 등 생활의 기본이 되는 것들만 우선적으로 시스템을 바꾸고 정책으로 지원하면 된다.

일례로 '대한민국의 의료 시스템'은 많은 나라에서 부러워하는 성공한 정책이다. 아픈 사람이 병원비가 무서워 병을 키우는 일을 없앴고, 큰 병에 걸려 가산을 탕진하는 위험성도 제거했다. 무엇보다 병원 문턱을 낮췄다는 것이 가장 큰 성과다. 이처럼 좋은 제도가 뿌리를 잘 내리면 온 국민이 편안하게 삶을 영위할 수 있다. 주택, 보육, 교육, 장애인 문제도 이 같은 해법이 분명히 가능하다.

구체적인 사례를 제시해 보겠다. 정부에서 공공 임대주택, 주거 지원 강화로 국민 모두의 거주권을 보장하고, 무상 보육과 유연근무제를 정착시켜 보육 문제를 해결하며, 장애인 돌봄을 강화하고 맞춤형 일자리를 제공해 장애인들의 생활 자립력을 높여 준다면 각각의 지점에서 겪는 불편과 불안을 분명하게 해소할 수 있다. 정부의 복지 정책은 보편적인 접근성과 경제적인 부담 완화를 목표로 진행돼야 한다.

구체적인 정책의 일환으로 나는 싼값의 땅을 매립해 주택, 보육, 교육, 일자리를 하나의 공간에서 해결하는 '콤팩트 시티Compact City'를 구현하자는 의견을 여러 번 냈다. '사람이 모여 사는 곳에 싼 땅이 어디 있는가?'하는 의문이 들 수 있지만, 분명히 있다! 학교 용지는 대표적인 공공용지로 면적이 상당하다. 주요 지역에 대학교가 있고, 저출산으로 인해 폐교하는 초중고교도 많다. 이들 용지를 지하부터 지상 수십 층의 건물로 개발해 보자. 그곳에 교육과 보육 시설, 일자리가 만들어지는 상업 공간을 만들 수 있다. 그 위로 아파트를 올리면 주거 문제까지 손쉽게 해결된다. 땅 매립비, 건축비를 국고에서 보조하고 공공 임대주택까지 공급하면 누구 하나 손해 보는 일 없이 주택, 보육, 교육, 일자리 문제를 일거에 해결할 수 있다. 수많은 조직의 상충하는 이해를 조율하는 일은 행정력을 바탕으로 그리고 충분한 협상을 통해 진행하면 된다. 각자가 가진 여러 개의 밥그릇을 조금만 내어놓으면 충분히 실현 가능하다.

저출산 문제를 해결하기 위해서는 약자의 불편을 최소화하는 분명한 정책이 필요하다. 이를 적극적으로 실현할 리더십도 필요하다. 세상에 태어난 누구나 잘 살아갈 수 있다는 믿음만 있다면, 그를 환영하지 않을 부모가 어디 있겠는가! 문제 해결력이 좋은 리더와 그 리더의 실행력을 함께 도울 참모진만 있다면 저출산 역시 해결 못할 일이 아니다.

5장

이제는
희망을 짓고 싶다

〈기생충〉

놀릴 수 없는 공간

부암동 집으로 가기 위해 거의 매일 자하문터널을 통과한다. 어느 날 청운동에서 시작되는 자하문터널이 〈기생충〉2019의 촬영지였단 걸 알게 됐다. 매일 오가는 길에서 영화 촬영지로 유명해진 '아주 긴 계단'을 마주하고, 영화 속 기택의 가족을 떠올렸다.

비가 억수로 쏟아지던 밤, 기택의 가족은 하룻밤 자신들의 것인 양 누비던 박 사장의 집을 빠져나와 진짜 자신들의 집으로 향한다. 흔히 말하는 반지하로 가는 길, 긴 계단을 걷고 가끔은 뛰어서 내려간다. 아직 집으로 가는 길은 끝나지 않았다. 계단과 연결된 자하문터널로 들어가 간신히 빗줄기를 피한다. 그러나 언제나 있다고 믿었던 희망은 터널 끝에도 보이지 않는다.

〈기생충〉이 개봉한 2019년은 유독 바쁜 해였다. 나는 여시재與時齋(2023년 3월, 태재미래전략연구원으로 개칭) 원장으로 미국, 중국, 러시아 등을 오갔고 대학과 기업, 자치단체 등에서 강의도 많이 했다. 여시재는 '시대와 함께하는 집'이란 뜻으로 2015년 12월 조창걸 한샘 명예회장이 출연出演해 공익법인으로 출발했다. 나는 여시재가 우리나라의 인재를 키우는 싱크탱크 think tank로 자리 잡길 바랐다. 싱크탱크란 각 분야의 전문가가 모여, 정부의 정책이나 기업의 경영 전략 따위를 연구하는 두뇌 집단을 뜻한다. 따라서 여시재라는 법인의 목표도 한반도와 동북아의 미래를 위한 정책개발, 세계를 이끌어 나갈 인재 육성이었다. 쉽게 말해 '대한민국의 미래를 고민하는 연구 기관'이라고 하겠다.

부원장, 원장으로 있는 동안 나의 고민도 크게 세 가지였다. 첫째 신문명도시. 다가오는 미래를 우리가 어떻게 선도할 것인가 대안을 찾고 싶었다. 둘째 동북아 간 협력. 반도국의 운명으로 인해 우리나라는 미국과 중국, 일본, 러시아 등 주변국들과 협력할 수밖에 없는 형편이다. 그중에서도 점차 에너지 분야에서의 협력이 강조되고 있다. 셋째 한반도의 미래 산업. 뭐니 뭐니 해도 경제 콘텐츠를 발굴하고자 했다. 〈기생충〉을 관람하던 그때 나는 다리를 땅에 두고, 머리는 미래에 두는 삶을 살았다. 그래서 더욱 〈기생충〉의 내용이 충격적이었다.

봄을 막 통과한 초여름, '꼭 봐야 하는 영화'라는 추천의 말을 듣고 〈기생충〉을 보러 갔다. 결론부터 이야기하자면 나로서는 두 번 보기 힘든 영화였다. 영화는 탁월했지만 아프고 처연한 삶의 모습들을 맨눈으로 봐야 하는 것이 정말 힘들었다.

기택의 가족은 반지하에 산다. 기택의 가족에게 의식주를 제공하는 박 사장의 집은 평창동에 있다. 박 사장 가족이 사는 현대식 단독주택은 높고 넓다. 장남 기우를 시작으로 기택의 가족 모두 '부정한 방법으로' 박 사장 집에서 일자리를 구하게 된다. 그런데 박 사장의 집에는 이미 오래전부터 그곳에서 숙식을 해결해 온 문광과 그의 남편이 있었다. 두 가정 모두 박 사장 집에서 의지하여 살아가길 원한다. 결국 두 가정의 갈등은 박 사장의 가족에게까지 옮겨와 모두가 피해를 보는 파국으로 치닫고 만다.

"왜 영화의 제목이 기생충이어야 했을까?"

영화 제목을 처음 들었을 때 나는 '영화 제목이 기생충이 뭔가'라고 생각했다. 영화 제목치고는 너무나 적나라한 단어가 아닌가! 영화를 다 보고 났을 때는 감독의 솔직함에 마음 끝이 베인 것처럼 아팠다.

기택이 살던 '반지하' 집의 꿉꿉함이 피부에 그대로 느껴지면서, 먼 미래로 가 있던 머리가 딛고 선 땅 위로 돌아왔다. 누구나 안락한 집에 살 권리가 있으나, 집에서부터 계층 문제가 여실히 드러나는 것이 우리 한국 사회다. 게다가 미루어 짐작하는 것보다 현실은 더 심각하다.

1980년대 시골에는 고층 빌딩도 없지만 지하실도 없었다. 농사를 많이 짓는 지역은 평야가 많아서 언덕배기에 집을 짓는 일은 상상할 수 없었다. 그 때문에 낯선 서울살이 중 가장 낯설었던 것이 지층과 나란히 있는 창문이었다. 시골 촌놈에게는 뭔가 기이한 느낌까지 풍겼다.

80년대 신촌 인근에는 반지하가 유독 많았다. 듣기로, 합법적으로 사람이 살기 시작한 지는 얼마 되지 않았다고 했다. 반지하에도 나름의 역사가 있었다. 단독주택이나 다세대 주택에 지하실이 생기기 시작한 건 1970년부터였다. 당시는 거주를 위한 공간은 아니었다. 정부는 건축법을 개정해 의무적으로 지하실을 만들도록 했는데, 순전히 진지陣地나 방공호로 활용하겠다는 의도에서였다.

그게 가능했던 것이 당시는 한국전쟁이 끝나고 불과 10여 년이 흐른 때였다. 남북한 대치로 인한 긴장이 상당히 남아 있었다. 게다가 1965년에는 한미일 동맹 체제가 구축돼, 북한이 국제사회에서 고립되기 시작했다. 막다른 길에 몰리면 쥐도 고양이를 무는 법, 정부에서도 북한의 돌발행동에 대한 대비를 해야 했다. 실제로 북한은 1968년 남한에 무장 공비를 보내 청와대 습격을 기도했다. 다행히 북한의 지령은 실패로 끝났지만, '김신조 무장 공비 사건'으로 대표되는 이 일은 남한 사회에 커다란 충격을 안겼다. 전쟁이 재발할 수도 있다는 불안감이 높아지자 정부에서는 주택에도 전투에 필요한 공간을 만들도록 했고, 지하실을 진지와 방공호로 활용하겠다는 계획을 세웠던 것이다.

그러나 언제 일어날지 모를 전쟁보다 당장의 먹고사는 문제가 시급했던 서민들에게 지하실은 '놀릴 수 없는 공간'이었다. 지하실은 점차 서민들의 주거지로 바뀌기 시작했다.

'말은 제주도에 사람은 서울로 보내라'는 선대의 가르침을 충실히 따른 노동자와 학생들이 대도시로, 수도권으로, 결국 서울로 몰리기 시작했다. 사람이 움직이면 가장 먼저 필요한 곳이 '집'인데 집은 하루아침에 뚝딱 만들 수 있는 것이 아니다. 주택 부족은 집값 폭등으로 이어졌고, 서민들은 더 갈 곳이 없어졌다. 지하실(지하방)은 비교적 값싼 주거지로 변신했고, 이렇다 할 주택 공급책을 마련하지 못한 정부도 불법적 현실을 눈감아 줄 수밖에 없었다. 그리고 1984년에 이르러서는 주택법을 개정해 지하실에도 사람이 거주하는 것을 허용해 주었다.

단, 사람이 살려면 빛도 어느 정도 들어오고 바람도 통해야 했다. 개정된 주택법은 채광이나 환기가 가능한 공간을 주거지로 인정했고, 기존의 창문 없는 지하실은 해당 사항이 아니었다. 일부를 지상으로 꺼내 환기와 채광이 가능해진 곳을 사람들은 '반지하'라 부르기 시작했다. 서민들의 주거지, 반지하가 탄생한 순간이었다.

좋아서 반지하에 사는 사람이 어디 있으랴! 대학교 때 놀러 간 반지하, 바로 내 친구의 집에서는 늘 눅눅하고 퀴퀴한 냄새가 났다. 친구 역시 시골에서 올라와 집을 얻을 여력이 많지 않았다. '눈 뜨고 코 베인다'는 서울 하늘 아래, 두 다리 뻗고 잘 수 있는 집이 있다는 사실에 감지덕지했다. 친구는 빨래를 널어 말리는 일이 가장 고역이라고 했다. 여름이면 곰팡이와 사투를 벌였다. 그리고

도 그 집을 오래도록 벗어나지 못했다. 취직을 하고 한두 해를 더 살고서 지상의 집으로 이사를 하던 날, 친구는 '내 손으로 이룬 첫 번째 쾌거'라며 자장면과 함께 맥주를 샀다.

아이러니하게도 1990년 정부는 건축 기준을 완화해 지하에도 주거 공간을 만들 수 있도록 허용했다. 그만큼 주택 문제가 해결될 기미가 보이지 않았던 것이다.

다디단 잠

사람이 많이 몰리는 곳에서는 집 문제가 생길 수밖에 없다는 걸 알고는 있었다.

초등학교 5학년, 우리 집은 평창에서 정선으로 이사를 했다. 두 지역은 내게 굉장히 이질적인 곳이었다. 평창이 농경사회라면 정선은 공업사회였다. 평창은 조용했다. 장날에야 사람들이 모여 분주하지만 그밖에는 전체적으로 그러했다. 들판에 나간 사람들도 묵묵히 일만 했다. 계절이 바뀌어도 특별한 잡음이 들리지 않았다. 정선은 달랐다. 어딜 가나 분주했고 시끌벅적했다. 당시 정선은 탄광촌의 부흥기를 맞고 있었다. 전국에서 사람들이 몰려들었다.

탄광촌에서는 월급을 '간조勘定, かんじょう'라고 불렀다. 일어의 잔재로 '계산'과 비슷한 뜻이다. 내 기억에 간조날은 월에 몇 번씩

돌아왔다. 실제로도 월급은 아니었던 것이다. 1980년대 후반까지 탄광의 월급날은 일정하지 않았고, 며칠 전에 날짜가 정해져야 해당 날이 간조날인 줄 알았다. 예정된 간조날이 가까워지면 함백의 탄광촌 전체가 들썩거렸다. 외상을 받아주던 가게에서는 옷, 신발, 가전제품이 새 주인을 만났다.

뭐든 현금이 통하던 시절이었다. 탄광으로 사과 궤짝만 한 상자에 돈이 실려 들어갔다. 줄을 서서 간조를 받은 광부들은 삼삼오오 흩어졌고 술집에서 다시 만났다. 이를 막기 위해 아내들이 대신 가서 월급봉투를 받는 집들도 있었다. 밤이면 술주정과 싸움 소리가 먼 데서 들려왔다. 봉투를 술값으로 모두 날리고 들어온 남편과 고래고래 싸움을 벌이는 아내의 사연이 온 동네로 퍼져나갔다.

친구 아버지들은 대부분 탄광촌에서 일을 하는 광부였고, 간조날이 되면 어김없이 술판을 돌다가 집으로 돌아가는 이들이었다. 간조날 받은 용돈으로 맛난 것을 사주는 친구들도 많았는데, 더러는 중학교에도 입학을 하지 못했다.

훗날 들으니 80년대 중반, 광부들의 월급이 은행에 입금되는 형태로 바뀌면서 탄광촌의 흥청망청하던 분위기도 점차 사라져갔다고 한다.

그 시절 나쁜 물도 많이 들었다. 방앗간을 정리한 어머니는 아버지와 골재상을 시작했다. 영업은 아버지가 맡고 어머니는 장부 정리 같은 걸 담당하셨던 기억이 난다. 바쁜 부모님이 집을 비우면 나는 동네 놀이터로 공을 차러 갔다. 근처 남자아이들이 대부분 모였다. 나이 불문 공터에 모이면 그대로 무리가 됐다. 어느 날부터인가 한참 놀고 쉴 때, 한쪽에 모여 담배를 피우기 시작했다. 지금이야 부모들이 보면 깜짝 놀라 기겁할 일이지만 그때는 그랬다. 노동하던 어른들이 한두 시간 하던 일을 마치고 잠깐 쉴 때 담배를 피웠던 걸 그대로 따라 한 것 같다. 많은 친구가 부모의 관심 밖에 있었고, 어른 흉내를 내며 논다는 것이 그런 모양새였다.

어느 날 어렵게 배운 담배를 여동생에게 가르쳐주겠다는 용기(?) 있는 결심을 했다. 동생과 다락으로 올라갔다. 둘이 담배에 불을 붙이고 신기하게 쳐다도 보고 연기도 날려보고 있었다. 그때 어머니가 "불이야!" 소리를 내지르며 뛰어들어오셨다. 집 창문에서 연기가 몽글몽글 올라오니 불이 났다고 생각하신 모양이다. 그러나 들어와 마주친 것이, 초등학생 남매가 담배를 붙잡고 있는 것이었으니 얼마나 황망하였겠는가. 그날 태어나 가장 심하게 아버지에게 매를 맞았다. 못된 송아지 엉덩이에 뿔날 짓을, 저 혼자 하는 것도 모자라 어린 여동생까지 꼬드겨 가르치고 있었으니 결코 그냥 넘기실 수 없었으리라. 처음이자 마지막으로 심하게 매를 맞았던 걸로 기억한다.

축구를 마치고는 종종 친구 집에 놀러 갔다. 친구의 집은 비슷한 외관의 집들이 쭉 늘어선 곳 중 한 곳이었다. 흔히들 '관사'라고 불렀다. 문을 열고 들어서면 바로 수도가 있고, 한 계단 높이에 있는 유리로 된 미닫이문을 열면 방으로 연결되는 구조였다. 실상은 수도가 있는 곳이 주방 노릇을 하고, 온 식구는 한방에서 생활했다. 그게 집의 전부였다.

방 천장에는 형광등이 달려 있었다. 형광등은 반만 보였다. 당시는 등에 연결된 줄을 당겨 등을 끄고 켰는데 그 줄도 보이지 않았다. 친구에게 물어보니 옆집에 있다고 했다. 등을 끄고 켜는 줄과 함께 나머지 반쪽의 등까지도. "불 꺼요!" 두 마디가 잠들기 전 인사라고 했다. 옆집에서 형광등을 끄면 친구 집과 옆집, 두 집은 같은 시각에 잠을 잤다.

생각해 보면 탄광촌 근처에는 좋은 집이 많지 않았다. 돈이 풀리는 탄광촌에서 일을 하려는 이들이 전국에서 몰려왔지만 그들을 수용할 만큼 집도 많지 않았다. 부족한 만큼이라도 제대로 지으면 좋았으련만, 새로 집을 짓는 곳도 많지는 않았다. 하루 벌어 하루 사는 이들이 많다 보니 비싼 값에 집을 사거나 비싼 세를 내려는 이들도 많지 않았다. 사람들은 주머니 사정에 맞는 그럭저럭한 집들을 찾았고, 그러한 사정 때문에 열악한 집들에도 계속 사람이 들어왔다.

젊은 시절 집의 소중함을 절박하게 느낀 적은 많지 않았다. 부모님은 서울로 유학한 자식들을 위해 머물 곳을 잘 마련해 주셨다. 여동생들과 지내던 집은 점점 당시 운동권의 아지트로 변해 갔다. 보통 쌀은 '말' 단위로 시골에서 올라왔는데, 한 말이 18kg쯤 됐다. 지금 4인 가족이면 3주는 족히 먹을 양인데, 그 쌀이 일주일도 못 가서 바닥이 나곤 했다. 먹성 좋은 청춘들이 기거하니 쌀이며 김치 등 남아나는 것이 없었다.

집의 절실함에 대해 온전히 느낀 건 부산에서 수배 생활을 할 때였다.

1987년 6월 항쟁 전, 전국의 상황은 매우 엄혹했다. 1986년 5월 학생 시위 끝에 수백 명이 잡히고 구속됐다. 10월에도 1,200여 명이 구속되었다. 독재 권력에 항거한 학생들은 단순히 몸이 구속된 것이 아니었다. 공권력에 의해 몸도 마음도 철저히 짓밟혔다. '인권' 같은 말은 존재하지도 않는 세상 같았다. 고문에 대한 두려움도 상당했다. 1987년 1월에는 서울대학교 박종철 학생이 고문 도중 사망한 사건이 세상에 드러났다.

1986년 대학생들의 연합 소식지인 〈백만학도〉의 발간을 이유로 수배자가 된 나는 남쪽으로 이동하며 경찰들을 피했다. 충청도에서 막노동을 하다 부산으로 내려갔다. 경찰에 쫓기다 보니 낮에 일을 하는 것도 마음 편히 할 수가 없었다. 언제 어디서 들이닥칠지 모른다는 긴장 속에서 생활해야 했다. 밤에는 쫓긴다는 불안감은 덜했지만 머물 곳이 없었다. 한 곳에 기거하는 것이 불안해 거처를 잡지 못했다. 만홧가게에서 쪽잠으로 버티는 데도 한계가 있었다.

부산으로 내려갔다. 영도에 방을 하나 구했다. 아주 작은 방이었다. 요즘 말로 하자면 '수동식 연탄보일러'라 할 수 있는 연탄 아궁이가 하나 있는 너무너무 작은 방이었다. 그러나 그곳에서 처음으로 '이래서 사람들에게 집이 있어야 하는구나…'라는 생각을 했다. 두 다리를 쭉 뻗고 누울 수 있는 곳, 누구로부터도 안전한 곳, 나만이 오롯이 점유할 수 있는 곳. 그곳에서 나는 며칠간 잠만 잤다. 자고 또 자도 그렇게 잠이 달았다.

생존의 터전이자 삶의 근간

"당신에게 집은 어떤 의미입니까?"

모든 사람에게는 안락한 집이 있어야 한다. 그러나 다양한 사람들을 만나보면, '없는 사람'일수록 안락한 집이 더 필요하다는 것을 알게 된다. 집은 온 가족이 온전한 삶을 살아내는 터전이다. 온전한 집이 있어야 가정이 바로 선다. 다음으로 온전한 가정이 있어야 온전한 마을이 세워진다. 마을이 모여야 사회라는 거대 공동체가 만들어진다. 집은 사회를, 마을을, 가정을 바로 세우는 근본이다. 그러나 우리의 현실은 이러한 필요를 적절히 반영하지 못한다. 집은 계급을 나누는 척도가 되고, 있는 사람들이 자산을 담는 그릇이 되고, 없는 사람은 더 이상 가질 수도 없는 '소망'이 돼 버렸다.

2022년 8월 8일, 수도권 전역에 80년 만의 폭우가 쏟아졌다. 다음날 뉴스에서는 안타까운 비보를 전했다. 관악구 신림동, 반지하 빌라에 거주하던 초등학교 6학년 어린이와 그의 어머니, 함께 살던 이모가 물에 잠긴 집에서 미처 빠져나오지 못하고 사망한 사고였다. 불어난 빗물이 빠르게 밀려 들어와 이웃들도 손쓸 겨를이 없었다고 한다. 밤 아홉 시부터 도로에는 성인 남성의 무릎 높이까지 물이 차올랐고, 구급대가 도착했을 때는 허벅지까지 올라왔다. 세 명의 시신은 다음날에야 수습됐다.

2020년 기준 전국의 지하·반지하 거주 인구는 32만 7,000여 명에 달한다. 2010년의 52만 가구에 비해 그 수가 줄었다. 서울시가 반지하 신축을 금지한 덕분이라고 한다. 그러나 여전히 반지하 소재지의 60% 이상은 전국 각지의 인구가 몰린 서울이다. 서울에만 약 20만 가구의 지하·반지하가 존재한다.

안타까운 것은 지하·반지하 거주민 중 21%에 달하는 이들이 장애인 가구라는 점이다. 이들이 지하·반지하를 선택하는 이유는 단 하나, '비교적 싸서'다. 국토연구원이 2019년 발표한 서울 임차가구의 월평균 주거비는 76만 9,000원이다(수도권 68만 7,000원). 2019년 기준 서울 거주 장애인의 한 달 평균 소득은 219만 원으로, 소득의 34%를 주거비로 쓰고 있는 셈이다. 소득 수준이 낮은 장애인 가구의 경우 낮은 비용으로 월세 부담이 가능한 지하·반지하의 열악한 집을 선택할 수밖에 없는 상황이다.

비단 지하·반지하의 문제만은 아니다. '지옥고(반지하, 옥탑, 고시원)'는 주거 문제를 대표하는 신조어다. 높은 거주비에 지옥고를 전전하는 청년들은 자신들을 '주거 난민'으로 부르기도 한다. 지하나 반지하는 수해나 화재에 취약하다. 고시원도 마찬가지다. 그나마 고시원은 다른 데보다 저렴하다. 평균 면적 2.13평에 30만

원부터 월세가 시작한다. 옥탑은 춥고 덥다.

인간이라면 안전하고, 냉난방이 잘 갖춰지고, 환기가 잘 되고, 소음이 없고, 화장실이 깨끗한, 제대로 된 집에 살고 싶어 한다. 어느 하나라도 부족하면 생활이 위협을 받는다. 집의 위협은 가족의 위협으로 이어진다. 이 사실을 모르는 바가 아닌데, 국가적 해법을 찾지 못하고 있다. 아니 찾았다고 하더라도 그게 맞는 방법인지, 정답에 가까운지 점검해 보지 못하고 있다. 그 때문에 '주택 문제' 해결에 있어서는 무책임하거나 무능한 정책들이 반복돼 왔다.

1990년대 이후로 정부는 주택 문제에 대해 '곧' '조만간' 해결될 것이라고 일관되게 답했다. 주장의 근거는 '주택 보급률 100%'라는 통계였다. 집이 부족하지 않으니 수요와 공급이 맞아떨어지는 날이 오리라는 말이다.

실제 우리나라 주택 보급률은 2008년 100%를 넘겼고 2019년 104.8%까지 올라섰다. 국제금융위기 이후 102%까지 떨어졌다가 2023년 다시 102.5%로 올라왔다. 그럼에도 주택 문제, 엄밀히는 집값 문제는 해결되지 않았다. 집값 특히 아파트값은 1970년대 강남에 첫 아파트가 지어진 이래 빠지지 않는 경제 뉴스로 등장하기 시작한다.

이 오래된 난제의 실마리를 풀기 위해서는 먼저 '주택 보급률 100%'에 대한 환상에서 벗어나야 한다. 어떤 재화든 여유가 없는 것은 부족하다는 것과 같은 말이다. 부족하면 가격이 오를 수밖에 없다.

우리나라 이삿날 풍경을 보자. 오전 일곱 시부터 이삿짐센터에서 짐을 싸기 시작한다. 오전에 짐을 다 빼줘야, 오후에 잔금을 치른 새 주인이 이사를 들어올 수 있다. 원거리로 이사를 가면 밤 늦게나 돼야 새집에 짐을 다 넣을 수 있다. 이런 풍경이 왜 발생하는가? 주택 보급률 100%에서 '빈집'은 있을 수 없다. 빈집이 없으면 살던 집에 바로 새 주인이 들어와야 한다. 여유가 없는 거다.

미국은 2010년 이후 주택 보급률 110% 안팎을 유지하고 있다. 일본도 90년대 중반 주택 보급률이 110%를 넘겼다. 근본적인 주택 문제를 해결하기 위해서는 우리도 충분한 공급이 이뤄져야 한다. 특히 대도시의 경우, 학교와 일자리를 구하기 위해 빠져나가는 인구보다 유입되는 인구가 월등히 많다. 이들이 원활히 안착할 수 있는 주택이 먼저 만들어져 있어야 한다. 효율적인 도시 운영을 위해서도 반드시 필요하다.

다음으로 집에 대한 욕구를 이해해야 한다. 가구 수의 102.5%, 엄밀히 2.5%가 넘치는 보급률이다. 그러나 이 수치는 결코 여유가 되지 않는다. 주택의 '품질' 차이 때문이다. 1970년에 국민소득 300달러도 되지 못했던 농업국가가 2025년 국민소득 3만 달러를 넘기는 국가로 성장했다. 사람들의 눈높이도 그에 비례해 높아졌다.

나는 아파트를 좋아하지 않지만 요즘 아파트에 가보면 눈이 휘둥그레질 만큼 좋은 것들이 많다. 차가 없는 1층, 고속 엘리베이터, 넉넉한 주차장…. 부럽기까지 하다. 내 눈에도 좋으니 남들 눈에는 오죽하랴. '얼죽신(얼어 죽어도 새 아파트)'이라고 신조어를 들어도 '그럴 만하다'며 고개가 끄덕여진다. 가전제품만큼이나 아파트도 좋은 것들이 많이 나왔다. 좋은 것, 새것을 갖고 싶은 욕구는 모두 같다. 이러한 상황을 주택 공급 정책에 반영해야만 한다.

또 하나 공공의 책임과 역할을 확실히 해야 한다. 주택 문제로 받는 고통은 사회경제적 약자층이 가장 크다. 물론 그간 정부도 이들을 위한 주택 정책을 펼쳐왔다. 그러나 '선별적' 복지에 가까웠다. 예산과 재원 문제로 정부에서 제공할 수 있는 주택 수가 정해져 있다 보니 어려운 이들 중에 더 어려운 사람, 힘든 사람 중에 더 힘든 사람에게 혜택이 돌아갔다. 그러나 집은 생존의 터전이요, 삶의 근간이다. 집이 없으면 삶이 무너진다. 생명을 살린다는 생각으로 예산과 재원을 확대해 지원 주택 수를 늘려야 한다.

덧붙여 사회에 첫발을 떼는 청년들을 위한 주택에도 큰 관심을 기울여야 할 때다. 이미 우리 사회에는 금수저, 흙수저 논란이 격화돼 있다. 교육비와 주거비 지원은 부모로서 가장 큰 부담이다. 거기서 금인지 은인지 동인지 흙인지, 수저 색깔이 달라진다. 정부가 나서서 해결해야 한다. 집 문제만 해결이 돼도 사회생활을 시작하는 청년들의 어깨가 한층 가벼워질 것이다.

우리나라 국민 대부분은 자기가 벌어서 자녀를 가르치고, 자기 돈으로 자기 집을 산다.

고등학교까지 공교육을 이용하지만 높은 사교육비로 허리

가 휘고, 국가에서 제공하는 주택에 들어가 살기란 하늘의 별 따기다. 실제로 공공 임대주택의 비중은 7~8% 수준이다. 독일 20%, 프랑스 17%, 네덜란드는 36%로 선진국의 공공 임대주택 비중인 20~30%의 절반에도 미치지 못한다. 집값도 비싸 개인이 집을 장만하는 데도 오랜 시간이 걸린다. 우리나라 일반 직장인들이 월급을 모아 집을 장만하려면 26년이나 걸린다. 영국인이 8년, 일본인은 10년 걸리는 데 비해 배 이상 차이가 난다. 지출이 많으니 삶의 질은 떨어질 수밖에 없다.

아이러니하게도 국민 삶의 질은 '국가'와 따로 논다. 한국은 G10이 돼 국격을 갖춘 나라로 인정을 받지만, 국민 삶의 질은 36위로 OECD 최하위다. '빚에 대한 부담'도 다르다. 선진국 국가 부채를 OECD 평균 100%로 볼 때 우리나라는 49%에 그친다. 그런데 개인의 부채는 우리나라 국민을 100%로 놓았을 때, 선진국은 75% 수준이다. 국가에 비해 국민은 가난하고, 삶의 만족도는 떨어진다. 교육과 주택을 개인이 책임지는 구조에서 벌어진 현상이다.

국가의 미래를 걱정하기에 앞서 국가의 역할을 바꿀 때가 됐음을 절감한다. 성장해서 나눌 것이 생겨야 너도 잘살고 나도 잘사는 것은 맞다. 그러나 국민 개개인이 안전하고 행복하게 살기 위해 국가와 정치의 역할을 새로이 해야 한다. 국민 스스로 알아서 잘 사는, 그래서 누구도 챙길 수 없는, 각자도생을 강요하는 시스템만큼은 꼭 바꿔야 한다.

기생충은 숙주에 기생하는 유기체로 숙주를 희생시키며 숙주로부터 혜택을 본다. 기생충의 왕성한 활동은 숙주에게 피해를 주고, 숙주를 죽음에까지 이르게 한다. 〈기생충〉의 기택네 가족 역시 과도한 욕심으로 파국을 자초한다. 그러나 누군가에게 기생하지 않으면 생존을 보장받지 못하는 처지로 내모는 사회란 얼마나 잔인한가. 또한 숙주와 기생충의 관계에서 애초에 해피엔딩이란 존재할 수 없는 것이다. 우리 사회가 누구는 숙주, 누구는 기생충으로 역할이 고착화된 곳이라면 우리도 희망을 짓고 살기 어려워진다.

안타깝지만 각자도생을 강요하는 시스템에서는 다수의 낙오자가 생길 수밖에 없다. 그 많은 사람이 살아남기 위해 자의가 아니어도 '기생충'이라는 비참한 삶을 선택해야 한다. 숙주 또한 위태롭게 살아야 한다. 그 자체로 공멸의 길이다.

6장
사다리를
다시 놓는 일

〈설국열차〉
〈오징어게임〉

마무리하지 못한 숙제

2024년 5월, 시 〈가난한 사랑 노래〉로 유명한 신경림 시인이 돌아가셨다. 교과서에도 실려 많은 이가 알고 있는 이 시에는 한 줄 부제가 달려 있다. '이웃의 한 젊은이를 위하여.' 이 시의 마지막 행까지 읽고 나면 가난하기 때문에 사랑을 잃은 청년의 슬픈 어깨가 눈앞에 떠오른다. 시를 잘 모르는 나조차, 사랑을 잃은 이웃 청년을 위해 이 시를 쓰는 시인의 모습도 생생히 그려진다.

    일생에서 가난이 어울릴 때를 고르라면 단연 '청춘'이다. 청춘의 가난에는 그나마 '낭만'이 있다. 웬만한 거리는 걸어 다니고, 값싼 길거리 음식으로 배를 채우고, 술이 필요할 땐 소주에 가벼운 안주만 마셔도 희망은 달아나지 않았다. 잃어버린 사랑도, 시로 승화될 만치 아름답다.

그러나 고작 10년 청춘의 시기를 제외하고, 가난은 삶을 궁색하고 처연하게 만든다.

강원도의 겨울은 길고 춥기로 유명하다. 학교에서도 월동 준비를 분주히 했다. 교실 정 중앙에 둥근 난로가 들어오고 연통도 달았다. 탄광촌이 가까웠던 탓인지, 너무 오래 전이었기 때문인지 평창에서는 조개탄보다 무연탄을 많이 썼다. 무연탄은 연기가 적고 화력이 오래 지속된다. 그러나 덩치가 커서 쪼개서 써야 하는 불편이 있다.

눈이 많이 내리던, 초등학교 2학년의 어느 날이었다. 학교 뒤편 공터에서 친구 아버지가 무연탄을 쪼개고 있는 것을 보았다. 그걸 나와 함께 본 친구의 얼굴에 난감한 표정이 배어났다. 그 얼굴이 오랫동안 뇌리에 남았다. 선생님들의 이야기를 흘려들으니 육성회비를 내지 못해, 아버지가 학교에 와서 무연탄을 쪼개는 일을 하는 거라고 했다. 친구의 얼굴에 가난이 만든 부끄러움이 일렁였다. 그걸 보는 내 마음에도 불이 났다. 그깟 돈 때문에 학생의 아버지를 불러 일을 시키고, 학생에게 수치심을 주다니! 돌연 학교가 싫어졌다. 사춘기가 지나서야 내게도 남들 못지않은 '반항심'이 있다는 걸 인정하게 됐다.

어떤 무리도 온전히 생각이 일치하기는 어렵다. 대의는 같아도 들여다보면 각각의 견해차가 분명히 존재한다. 독재정권에 항거해 민주주의를 쟁취하자던 1980년대 운동권 내에서도 분명한 각자의 의견이 있었다. 일부 급진주의자들은 우리가 천민자본주의를 전복시킬 수 있다고 믿었다. 사회주의 체제로 전환해야 한다고 주장했다. 물질 중심적 문명에 대한 강한 환멸을 드러냈다. 나는 동의할 수 없었다. 그러한 주장이 오히려 순진해 보였다. 전 세계는 이미 여러 번의 혁명을 경험했다. 그럼에도 사회주의를 채택한 국가 수가 많지 않은 것은 이미 만들어진 제도와 시스템이 그렇게 호락호락 무너질 리 없기 때문이다. 게다가 우리가 선 땅의 제도는 수많은 피로 만들어진 민주주의의 토양에서 자라난 것이다. 나는 민주주의의 힘을 믿었고, 대한민국이 민주공화국으로 바로 서야만 미래가 있다고 생각했다.

내게 체제의 전복이나 혁명은 영화나 드라마의 주제일 뿐이었다. 생생한 장면을 볼 때도 '픽션이다' 대뇌였다. 현실에서 일어나기 어려운 일이니 걱정도 필요 없었다. 체제의 전복이나 혁명과 같은 장면을 볼 때보다 오히려 가벼운 마음으로 대면한 스크린에서 우리 삶의 끔직한 단면들을 확인할 때 섬뜩함을 느꼈다.

현실에서 사회의 부조리를 볼 때, 사회 계층 간 이동이 점점 더 어려워지고, 가진 자들의 세계가 더욱 견고해지는 것을 목격하게 될 때는 영화와 같은 파국이 기다리고 있는 것은 아닌지 걱정이 앞선다. 직업 정치인으로서 '무엇을 해야 하나?' 마무리하지 못한 숙제를 다시 끌어안게 된다.

세계 최초로

〈설국열차〉는 영화의 제목처럼 기상이변으로 꽁꽁 얼어붙은 지구 위의 궤도를 끝도 없이 질주하는 역차의 모습을 보여주며 본격적인 이야기 속으로 빨려 들어간다. 열차의 맨 뒤에는 빈민들이 사는 칸이 있고, 맨 앞에는 엔진을 유지하는 지도자가 머무는 엔진룸이 있다. 메이슨 총리는 빈민을 포함해 열차에 탄 사람들을 관리하는 열차의 2인자다. 소란을 정리하던 그녀는 꼬리칸 사람들에게 훈시를 전달한다. 분수를 알고, 제 자리를 지키라고.

사실 〈설국열차〉에서 내가 가장 인상적으로 본 장면은 바퀴벌레로 에너지바를 만드는 과정이다. 먹는 것을 좋아하고 비위가 약한 나로서는 견디기 힘든 장면이었다. 나는 그 에너지바가 '사람들을 살리는 음식'이었다는 것에서 비애감을 느꼈다.

주인공 커티스는 열차 전복을 꿈꾸는 일종의 혁명가다. 그는 열차의 꼬리칸에 머물고 있다. 그리고 그와 같은 꼬리칸에 탄 사람들은 열차 내에서 인간 이하의 취급을 받으며 생명을 유지하고 있다. 꼬리칸과 달리 열차 앞쪽 칸 사람들은 잘 교육받고 잘 관리받으며 향락을 즐긴다. 커티스의 삶은 그들의 삶과 천양지차다.

그런 커티스에게 인간성을 회복시켜 준 일용할 양식이 에너지바였다. 에너지바가 배달되기 전, 꼬리칸의 사람들은 먹을 것이 없어 인육도 마다하지 않았다. 생존을 위한 살육이 계속됐다. 살육을 멈추게 한 것은 다름 아닌 바퀴벌레로 만든 에너지바였다.

자기 팔을 내어주며 인간을 해치는 일의 잔악성을 일깨운 꼬리칸의 지도자 길리엄과 때마침 배달되기 시작한 에너지바 덕분에 커티스는 인간다운 삶을 선택할 수 있게 됐다.

현실의 우리 삶은 어떠한가? 우리나라뿐만 아니라 전 세계의 양극화는 어제오늘의 이슈가 아니다. 수치상으로도 체감상으로도 경제적·사회적 양극화가 심화하고 있다.

한때 우리나라 전체 소득의 상위 1%는 전체의 8%가 안 되는 부를 소유했다. 그런데 90년대 중반 이후 그들의 소유가 급속히 상승해 2011년 전체 부의 12%를 가져갔다. 이 수치는 점점 더 상승해 2021년에는 15% 내외를 기록했다. 상위 1% 부자들이 한국 전체 소득의 15%를 가져가고 있는 것이다. 자산 불평등도 만만치 않다. 2024년, 순자산을 기준으로 가구를 열 개로 나누었는데 상위 10% 가구의 순자산 점유율이 44.4%에 이르렀다. 순자산 지니계수는 0.612로, 2017년의 0.568보다 높아졌고 국제사회와 비교해도 한국의 자산 불평등 문제는 심각한 수준이다.

경제적 불평등은 양극화의 시발점이자 사회 불평등의 큰 원인이 된다. 지역 간 교육격차와 인구구조 변화에도 영향을 미친다. 2024년 전국 초등학교의 약 2.5%인 157곳이 1학년 신입생을 받지 못했다. 이 중 대부분이 비수도권 지역에 자리 잡고 있다. 지역 소멸에 대한 우려도 만만치 않다.

세계사에는 인류가 기억하는 몇 번의 혁명이 있다.

1789년 프랑스의 귀족과 성직자는 세습된 특권을 유지하며 세금 내기를 거부했다. 과세의 압박을 받던 농민들은 더욱 가난해질 수밖에 없었다. 이러한 체제를 변화시키지 못한 채, 국왕 루이 16세는 미국의 독립전쟁을 지원하며 재정 악화를 키웠다. 왕의 무능과 낭비로 왕실의 금고까지 바닥났다. 모든 부담은 농민들에게 돌아갔다. 경제적 어려움과 정치적 불안 거기에 사회적 불평등까지 가중되면서 프랑스 사회는 격변의 시기로 넘어갔다. 빵도 과자도 없던 노동자들은 '프랑스 대혁명'을 일으켜 왕을 처단했고, 공화정 수립을 주창했다.

1917년 1차 세계대전 막바지에 이른 시기, 러시아의 경제는 좋지 않았다. 인구 대부분은 농민이자 소작농으로 가난에 시달렸다. 급격한 산업화도 불만을 일으키는 원인이 됐다. 도시 지역의 노동자들 또한 농민들의 처지와 크게 다를 바 없었다. 노동자들의 근로조건은 매우 열악했고 체납된 임금을 받지 못해 어려움을 겪기도 했다. 그럼에도 황제인 니콜라이 2세는 세계대전 참전을 명령하고 군수품도 제대로 보급하지 않은 채 청년들을 전장으로 내몰았다. 모든 어려움에서 귀족들은 예외였다. 귀족의 견제를 받지 않던 니콜라이 2세는 독재정치를 이어가며 국민들을 억압하고 자유주의 정치 운동을 탄압했다. 국민들은 경제적 어려움과 사회 내 불평등을 절감하며 단일 대오를 형성해 나간다.

이때 10년의 유형 생활을 마치고 돌아온 레닌은 "토지, 평화 그리고 빵"을 국민들에게 돌려줄 것을 약속한다. 땅을 원했던 농민과 평화를 바랐던 병사들 그리고 안정적인 생계를 원했던 노동자들은 레닌의 사회주의 사상에 쉽게 매료되었다. 결국 10월 혁명은 승리했고, 레닌과 국민들은 평등을 강조한 소비에트(평의회) 국가를 탄생시켰다.

1960년 한국은 농업사회였다. 제조업은 국민총생산의 8%밖에 되지 않았다. 그래서 대학생 열여덟 명 중 한 명밖에 일자리를 구하지 못했다. 실업 폭탄 앞에 청년들은 망연자실한 상태가 됐다. 이에 아랑곳없이 이승만 정권의 부정부패는 쌓여만 갔다. 4·19혁명의 가장 밑바닥에는 빈곤이라는 사회의 치명적 결함을 해소하지 못한 정부의 무능이 깔려 있었다.

역사에서 우리는 몇 가지 교훈을 얻는다. 불평등은 소비 축소와 경제 성장 둔화 같은 현실적인 문제만을 일으키지 않는다는 것. 장기적으로 국가 경제에 악영향을 미칠 수도 있다는 것! 그러나 이것들은 핵심이 아니다. 역사가 가르치는 것은 양극화가 사회의 존속 가능성을 해친다는 것이다. 21세기 우리도 반드시 알아야 한다.

실제의 삶에서 '부익부 빈익빈'의 실현은 개인이나 특정 계층에게 악영향을 미치는 일에서 끝나지 않는다. 사회 전반에 정치적인 불안과 국민 간의 갈등을 야기한다. 사회통합의 근간이 위협받는다. 최저 생계를 유지하기 어려운 이들이 늘어나고 일자리를 구하지 못해 삶의 질이 많이 떨어지면 정부의 정책은 신뢰를 잃고 정치적 급진주의가 활개를 친다. 거기에 양극화로 만들어진 계급이 고정돼 자유로이 움직일 수 없게 되면 〈설국열차〉 속 디스토피아가 현실에서도 재현될 수 있다.

〈설국열차〉를 보면 커티스가 마주한 절망이 양극화뿐만이 아님을 알 수 있다. 그렇게 고착된 계급과 체제가 안정과 평화라고 믿는 지도자들이 바로 양극화 그 자체만큼 아니 어쩌면 그보다 더 절망적이다. 여기까지 이르면 체제 유지의 정당성도 사라지고 만다. 인간의 최종 목표가 '생존'뿐이라면 인간이 짐승과 다를 바가 무엇인가.

극심해지는 양극화에 우리는 어떻게 대응하고, 어떤 대책을 마련해야 할까?

역사에서 몇 가지 힌트를 찾을 수 있다. 유럽은 세계 최초의 복지 정책이 나온 곳이다. 영국은 세계 최초로 공공부조인 구민법을 제정했고, 독일은 세계 최초로 사회보장제도를 제정했다. 그러나 그 내막을 살펴보면 국민의 안녕과 번영을 위한 정책이 아니라 국가 체제 유지와 안정된 국정 운영을 위한 방편이었다는 것을 알게 된다. 영국은 구민법으로 왕권강화를 주도했고, 독일 역시 구빈제도를 기반으로 자본주의 사회의 안정과 민생의 안녕을 꾀했다.

많은 이가 존경하는 철혈재상 비스마르크Otto von Bismarck, 1815~1898가 주도한 연금제도를 알아보자. 흩어져 있던 제후국을 모은 그는 1871년 '독일 제국'이라는 하나의 독일을 만들었다. 이는 그의 가장 위대한 업적으로 꼽힌다. 그러나 나는 근대 복지제도를 수립한 일도 비스마르크의 주요한 업적이라고 생각한다.

근대 복지제도는 과거의 구휼제도와는 확실히 다르다. 무엇보다도 국민이 지닌 정당한 '권리로서의 복지'를 지향한다는 데서 큰 차이가 있다. 이전의 구휼제도가 왕이나 국가가 가난한 백성을 불쌍히 여겨 은혜를 베푸는 것이었다면, 근대의 복지제도는 국가에 국민의 건강과 안정적인 생활을 보장할 책임이 있다는 인식에 바탕을 둔다. 역사를 지나오며 사회의식이 성장했고 마침내 국민은 생존을 유지하고 안전을 보호받을 권리가 있다는 사실을 국가가 인정한 것이다.

안타깝게도 지금은 누구나 인정하는 이 권리가 실상 세상에 보급된 지는 130여 년밖에 되지 않았다. 그리고 세상의 어딘가에서는 이 권리가 아직도 지켜지지 않고 있다.

다시 비스마르크 이야기로 돌아가, 그가 청년이었던 19세기 중반까지 유럽의 강국은 프랑스였다. 전쟁 군주라 불리던 나폴레옹 1세^{Napoleon Bonaparte, 1769~1821}는 놀라운 군사 능력을 바탕으로 많은 전쟁을 일으켰고 1803년부터 1815년까지 유럽의 모든 국가들과 전쟁을 벌였다. 그리고 마지막 몇 번을 제외하고는 거의 승리했다. 당시 독일은 프로이센을 포함한 제후국들로 분열돼 있었고 외세의 간섭도 심했다.

독일의 전신인 프로이센 왕국은 처음에는 프랑스와의 전쟁에 개입하지 않았다. 라인동맹이라는 나폴레옹 군주의 꼭두각시와 같은 연합체의 일원일 뿐이었다. 그러나 프랑스로서는 정치,

사회, 경제적으로 입지가 커져만 가는 프로이센을 견제하지 않을 수 없었다.

그러다 1806년 프랑스와 프로이센 간의 전쟁이 발발하는데 일명 '독일의 굴욕'으로 불리는 사건 때문이었다. 프로이센의 한 서점에서 나폴레옹을 비판하는 책을 판매했는데, 이를 안 나폴레옹은 대노를 한다. 그러나 서적의 저자는 찾을 수 없었고, 대신 프로이센 서점 주인이 불온서를 팔았다는 이유로 사형에 처해진다. 이를 계기로 프로이센은 프랑스에 선전포고를 하게 된다. 그러나 전쟁은 짧은 기간에 프랑스의 압도적 승리로 끝이 난다. 엄청난 피해를 입은 프로이센의 국민들은 경제적 사회적 어려움을 경험하며 사회 변혁에 대한 요구를 분출할 준비를 하게 된다.

1815년 프랑스의 나폴레옹은 추방되고 나폴레옹이 사라진 유럽에는 빈체제가 들어서는데, 나폴레옹의 축출로 유럽 전체는 프랑스 시민혁명 이전으로 돌아가는 것 같았다. 그러나 한 번 일어난 혁명은 되돌릴 수 없었다. 사회도 사람들도 결코 이전과 같지 않았다.

이후 유럽에서도 다양한 전쟁이 벌어졌고 사회 변화에 대한 요구도 거세진다. 그러는 중에 독일에서는 프로이센을 중심으로 한 통일 논의가 활발해졌고 1948년 프랑크푸르트 국민회의가 소집된다.

1861년 빌헬름 1세가 즉위하고 다음해 철혈재상으로 불리게 될 비스마르크가 영입된다. 비스마르크는 덴마크와 오스트리아 제국과의 전쟁에서 승리하며 북독일 연방을 결성하고, 1870년에는 프랑스와의 전쟁에서 승리해 독일 통일의 꿈을 이루게 된다. 이후 그는 조국 독일을 강대국으로 발전시키고자 하는 원대한 비전을 실천해 나갔다.

그러나 비스마르크에게는 해결해야 할 문제가 남아 있었다. 민중은 비스마르크의 편이 아니었다. 민중은 사회주의와 공산주의를 추종했다. 1789년 프랑스 혁명 이후 유럽 대륙은 자유주의의 열망에 휩싸였고, 1870년대에는 사회주의의 열기가 뜨거웠다. 참고로 독일의 철학자이자 경제학자인 카를 마르크스Karl Marx, 1818~1883가 집필한 〈자본론〉이 출판된 것이 1867년이다. 그의 사후 프리드리히 엥겔스Friedrich Engels, 1820~1895가 2권과 3권을 출판했다. 1875년 독일에는 사회주의노동당이 결성돼 의회에 진출했고, 노동조합 운동이 활발해지며 노사 대립도 격화되었다.

통일 독일을 강대국으로 발전시키고자 했던 비스마르크의 정책들은 사회주의자들과 공산주의자들의 거센 반발에 부딪혔다. 비스마르크는 특단의 조치로 채찍과 당근을 동시에 사용했다. 먼저 1878년 사회주의와 공산주의 단체를 모두 불법으로 규정하고 노동조합 해체와 같은 강경책을 벌였다. 다음으로 정부에 등을 돌린 노동자들을 포섭하기 시작했다. 1883년 의료법을 시작으로 공장에서 일하다가 다친 사람을 위한 산업재해 보험을 도입하고 1889년에는 노인을 위한 노령연금제도를 도입했다. 나라에서 사회복지를 주도함으로써 '노동자의 복지와 권리는 사회주의 정당이 아닌 국가가 지켜 주겠다!'는 강력한 메시지를 던진 것이다. 이러한 일련의 과정 끝에 독일은 세계 최초로 사회보장제도를 제정한 국가로 역사에 이름을 남기게 됐다.

덧붙여, 독일의 노령연금제도는 현대 연금 보험의 모태가 되기도 했는데, 1950년 국제연합이 고령 지표를 내기 시작할 때 노인의 기준을 65세로 잡은 것도 독일의 제도를 참고한 덕분이다.

함께 먹는 열매의 맛

자료를 찾아보면 아주 급진적인 이론가조차 정치적 구호보다 당장의 빵이 중요하다는 사실을 이야기하는 광경을 쉽게 목격하게 된다.

〈진보와 빈곤Progress and Poverty〉으로 산업이 발전함에도 빈곤이 심화하는 사회 현상을 분석했던 헨리 조지Henry George, 1839~1897는 오직 자신이 노동해서 생산한 재화에 대해서만 사적 소유권을 인정해 줘야 한다는 지금으로 치면 매우 급진적인 이론을 편 인물이다. 토지를 비롯한 자연물은 평등하게 사용할 수 있도록 공공에 귀속시켜야 한다는 주장을 펼쳤다. 특히 토지에 대해서는 국가나 사회 공동체가 소유하고 사용자에게서는 토지세를 단일세로 원천 징수해야 한다고 주장했다. 그 외의 노동 생산물에 가해지는 일체의 세금은 걷지 말고 철저히 재산권을 인정해야 한다고 했다.

또한 헨리 조지는 가난한 사람에게 필요한 것은 투표권이 아니라 먹을 것이라는 걸 일깨우며 정치의 본질이 무엇인지를 강조했다.

"매우 부유한 사람들과 매우 가난한 사람들로 이루어진 공동체는 권력을 움켜쥘 수 있는 누군가에게는 손쉬운 먹잇감으로 전락한다. 매우 가난한 사람들에게는 저항하기에 충분한 정신과 지성이 없고, 매우 부유한 사람들은 너무 많은 것을 걸고 있기에 겁이 많다.

생계를 주인에게 의존하는 사람은 자유민이 아니다. 노예에게 투표권을 주는 것은 단지 그들의 주인에게 표를 주는 것이다.

두려움이나 원조 없이 안락한 생활을 누릴 자유는 투표할 자유와 함께 해야 한다. 모든 정치문제의 저변에는 부의 분배라는 사회문제가 놓여 있다."

'문제는 경제야'라는 정치 표어는 이미 19세기 초반에 만들어진 셈이다.

체제 안정을 위해서 복지를 강화한 사례는 우리나라에도 있다.

한국전쟁 이후 남한과 북한의 소통 창구가 완전히 닫힌 것은 비교적 최근의 일이다. 1970년대 초에 남북한 대화 채널이 구축되었다. 1972년에 이루어진 7·4 남북공동성명에서는 '자주, 평화, 민족 대단결'이라는 통일에 대한 기본 원칙에 합의했다.

이전까지 북한은 남한에 비해 경제적으로 우위에 있었다. 광물 자원이 풍부했고 일제 치하에 만들어진 중공업 위주의 산업구조도 남아서 작동하고 있었다. 이에 비해 남한은 농업과 경공업 위주였다. 남한이 북한을 온전히 따라잡았을 때는 1970년대 초반이었다.

그리고 1972년 남한과 북한이 한 테이블에 앉게 됐는데, 북한은 '무상의료 체제'를 적극적으로 선전했다. 그도 그럴 것이 북한은 1946년 정부수립 이전부터 '무상치료제'를 주요 정책으로 제시했고, 1950년대에 무상 의료비 부담 정책을 실시하기 시작했다. 그에 비해 남한은 이렇다 할 정책이 없었다. 박정희 대통령 시절인 1963년 의료보험법을 만들었으나 임의가입이라 별 실효가 없었다. 궁핍한 살림에 보험료를 낼 사람이 없었던 것이다. 이를 지원할 정부 조직도 제대로 갖춰지지 않았고 예산도 턱 없이 부족해 10년 넘게 집행되지 못했다.

그러다 남북회담을 시작으로 박 대통령은 체제 경쟁을 걱정하지 않을 수 없게 됐다. 가장 먼저 의료보험의 실효화를 지시했다. 1976년에는 내부에서조차 무리라는 반대를 무릅쓰고 의료보험법 개정에 착수했다. 외국의 의료보험제도를 확인하고 온 전문가들은 "의료보험제도가 도입되려면 임금 생활자가 전 국민의 50%는 돼야 한다"고 강조했다. 1977년 500인 이상 사업장을 대상으로 한 '의료보험법 개정안'이 본격 실시됐다. 그러나 이 법의 수혜자는 당시 남한 인구의 10%에도 미치지 못하는 320만 명 수준이었다. 이후 실질적으로 전 국민을 대상으로 한 의료보험 제도가 완비된 것은 1989년이었다. 이때부터 중소기업 근로자는 물론 자영업자, 농어민까지 모든 국민이 의료보험 가입자가 되었다. 이후 2000년 의료보험은 국민건강보험으로 재편되었고, 남한 내 가장 만족도 높은 사회보장제도로 자리를 잡게 됐다.

"이러다 다 죽어."

2021년 공개된 〈오징어게임〉 시즌1과 2025년 공개된 시즌2 모두에 나오는 대사다. 세계적인 인기를 얻은 〈오징어게임〉 시즌1은 자본주의가 지배하는 세상에서 돈이 개인의 생명줄을 쥐고 있는 것이나 마찬가지라는 섬뜩한 메시지를 드러낸다. 이야기는 감당하지 못할 엄청난 빚을 졌거나 경제적으로 몰락한 것이나 다름없는 수백 명의 사람들이 목숨을 건 게임에 뛰어드는 내용으로 시작한다. 이 사람들이 게임에 뛰어든 이유는 단 하나, 거액의 상금을 받아 새로운 인생을 시작하기 위해서다. 그러나 상금을 받는 승자는 단 한 명뿐이다. 나머지 모든 사람은 패자가 되어 목숨을 내놓아야 한다.

인상 깊은 것은 게임을 그만두기로 했던 사람들이 제 발로 다시 목숨을 건 게임장으로 돌아오는 장면이다. 자신들은 이미 사회경제적으로 사망 선고를 받은 것이나 다름없기에 이판사판이라는 생각이었을 것이다. 삶에서 희망이 사라졌을 때, 막다른 골목에 몰렸다는 걸 절감할 때 인간은 인간이기를 포기한다. 생존을 위해 자신의 목숨을 내놓을 수도 있지만 타인의 목숨을 앗아갈 수도 있다. 수천 년 역사가 증명한 인간의 밑바닥이다.

　이러한 전투를 막기 위해 인간의 존엄을 지키기 위해 인간은 사회를 만들고 국가를 만들어 최소한의 안전망을 만들어 왔다. 그 일을 실현하는 도구로서 '정치'는 충분한 효용이 있었다.

　그러나 최근에 치러진 미국의 대통령 선거를 보면, 마음이 착잡해진다. 경제 양극화는 통합의 정치를 사라지게 하고 증오와 분열의 정치를 가속화시킨다. 사실 미국 대선에서 공화당의 트럼프 후보나 민주당의 샌더스 후보나 해결하고자 하는 문제는 동일했다. '1대 99라는 경제 양극화를 어떻게 해결할 것인가?'였다. 샌더스는 세금을 더 걷어서 복지로 해결하자고 했고, 트럼프는 "이게 다 이민자 때문이다"라고 말했다. 결국 증오와 분열을 전략으로 이용했던 트럼프가 승리했다.

　불과 얼마 전까지 선거는 중간층을 얻는 전투였다. 중간층은 가장 두터운 인구수를 자랑했고 합리적인 선택을 했다. 그래서 보수는 따뜻한 보수가 되기 위해 노력했고 진보는 더 안정적인 진보가 되기 위해 노력했다. 그러나 2008년 금융위기 이후 10여 년간 점점 더 빈부격차가 심해졌다. 중간층이 점점 사라지게 됐다. 경제성장이 이뤄지지 못하니 못 가진 자들에게 돌아갈 기회는 적어지고, '공정'이라는 단어가 점점 더 강한 설득력을 얻게 됐다. 사람들의 마음에는 공정하지 못한 세상에 대한 '분노'가 똬리를 틀기 시작했다.

　여기에 정치인이 가세해 버렸다. 상대에 대한 공격, 특정 상대를 악마화하는 언행, 모든 책임을 상대에게 전가하는 것은 가장 쉬운 전략이다. 상대를 공격하면, 그래서 다시 공격을 받더라도 내부는 더욱 단단해진다. 그러나 분노를 먹고 자란 정치는 분열을 야기하고 정치권은 물론 나라 전체를 점점 더 맑은 샘 하나도 찾기 힘든 메마른 사막으로 변모시킨다.

구호와 같은 대책들이 있다. 양극화 문제를 해결하기 위해 정부는 다양한 정책을 추진하고 있다. 소득 재분배를 위한 조세 정책 강화, 사회안전망 확충, 그리고 교육 기회 확대…. 그러나 이러한 정책들만으로 문제가 해결될 수 없다.

성장은 근본적인 해결책이 된다. 20세기, 포드 자동차Ford Motor Company는 '일자리=복지=소비'라는 선순환 구조를 만들었다. 양질의 노동력을 확보하기 위해 지급한 높은 임금으로 새로운 시대가 열렸다. 당장 기업이 실행할 수 없다면 국가에서 정책을 통해 기업과 국민이 함께 부강해지고 성장하는 방식을 찾아야 한다. 분노를 내려놓을 수 있는 토대를 만드는 것이 중요하다. 김대중 대통령이 말하던 "생산적 복지"를 재연할 수 있어야 한다. 대한민국이 IT 강국으로 성장하면서 수많은 기업이 태어났고, 거기서 달린 열매로 우리는 함께 풍요를 나누고 누렸다. 또한 산업의 성장기를 통과하는 사이 경쟁력 있는 인재들은 얼마든지 사다리를 올라가 원하던 곳으로 갈 수 있었다.

성장이라는 해결책과 더불어 우리 사회의 안전망을 다시 정비해야 한다. 삶의 극단에 놓이지 않기 위해, 놓인 이들을 구출하기 위해 희망을 주는 정책을 펼쳐야 한다. 사라진 사다리를 다시 제자리에 놓는 정책도 필요하다. 정책은 국민과의 약속이다. 국민들을 설득하고 실천하는 일은 정치인의 몫이다.

7장

불가능을 가능하게 하는 상상력

〈미션 임파서블〉
〈사피엔스〉
〈총 균 쇠〉

내가 만난 최초의 얼리어답터

요즘 MZ 세대들은 아마 〈제5전선〉1966~1973을 잘 모를 것이다. 미국 텔레비전 시리즈로, 첩보 기구 '임파서블 미션 포스Impossible Missions Force, IMF'가 결코 완수할 수 없을 것 같은 임무를 해결해 내는 내용이다. 1960년대에 흑백 화면으로 방영되었고, 80년대에는 〈돌아온 제5전선〉1988~1990이 컬러로 다시 안방극장을 찾았다.

〈제5전선〉을 영화화한 〈미션 임파서블〉1996~은 내가 최초로 빼놓지 않고 본 시리즈물 영화다. 험지를 돌아다니는 주인공에게 미션이 전달되고 나면 "이 메시지는 5초 후에 자동 파괴된다"는 멘트가 나오고, 작은 폭발과 함께 본격적으로 영화가 시작된다. 그때부터 나는 숨을 죽이고 영화의 세계로 빨려 들어갔다. 특수

가면을 쓰고 임무를 해내는 주인공과 그가 선보이는 새로운 '기술'들은 작은 감탄을 자아냈다. 나는 정말 해결이 불가능하게 느껴지던 문제가 해결될 때야 졸이던 마음을 내려놓았다.

얼마 전에는 책을 읽다가 '왜 제목이 〈제5전선〉일까?'라는 궁금증의 답도 찾았다. 어릴 때는 전선戰線이 전투가 벌어지는 지역을 이르는 말이므로 제5전선이 다섯 번째 전쟁터를 뜻하는 게 아닐까 생각했다. '그런데 왜 다섯 번째 전선일까?'

최근 〈제5열과 스페인 내전에 관한 네 편의 소설들〉The Fifth Column and Four Stories of the Spanish Civil War, 1969이라는 헤밍웨이의 단편집을 읽었는데, 〈제5열〉the fifth column이라는 작품도 들어 있었다. 〈제5전선〉the fifth column과 영문이 같은 제목이다. 역자가 붙여놓은 설명을 보니 제5열은 '적국 내에서 각종 모략 활동을 하는 조직적인 무력 집단이나 요원'을 뜻한단다. 제5전선, 제5열 모두 스파이 집단을 이르는 말이었다.

"〈미션 임파서블〉의 매력이 뭐냐?" 묻는다면 몇 가지를 꼽을 수 있다. 일단 톰 크루즈의 몸을 날리는 연기가 일품이다. 보면 안다. 다음으로 통쾌한 권선징악의 스토리가 예고돼 있다. 조마조마하면서 보지만 주인공은 절대로 죽지 않고 악은 절대 선을 이길 수 없다. 그래서 쫄깃하지만 불안하거나 두렵지 않게 결말로 나갈 수 있다. 마지막으로 '신상' 기술들이 볼거리를 더한다. 나는 이 멋진 기술들을 볼 때면 유독 눈이 번쩍 뜨인다. 어릴 적부터 '저런 기술들은 어떻게 상상해 냈을까?' 혹은 '저런 게 정말 가능할까?'

하는 의문이 들었다. 기사를 찾아보니 주인공들이 사용하는 신상 기술들은 완전히 '뻥'은 아니라고 한다. MIT 미디어랩에서 발표한 홀로그램 기술이나 얼굴 인식과 변장 기술을 영화에 적용했다고 한다.

2023년에 개봉한 '데드 레코닝 PART ONE'은 일곱 시리즈물 중 가장 흥미로운 내용이었다. 이전 작품들과 달리 싸워야 하는 대상이 사람이 아니라는 것이 호기심을 일으키는 포인트였다. "AI가 인간을 뛰어넘는 '특이점'이 언제 올 것인가?" 사람들의 관심이 집중된 때였다. 마침 등장한 새로운 적 AI의 실체를 확인하기 위해, 나는 설레는 마음으로 영화관을 찾았다.

나의 아버지는 모든 기계를 잘 다루는 분이었다. 어머니가 방앗간을 하실 때 직접 작동이 멈춘 기계들을 손보셨다. 옛날 방앗간에는 발동기가 있고 돌아가는 바퀴에 피대(벨트)를 걸어서 기계를 돌렸다. 높은 천정에는 바퀴와 피대를 연결하는 쇠봉과 장대들이 즐비했다. 아버지는 복잡한 기계들을 단출하게 정리하는 작업도 직접 했다.

한번은 쌀에서 돌을 골라내는 기계도 만들었다. 이전에 있던 기계를 개량한 것인지, 아니면 우리나라 최초로 돌을 골라주는 기계를 만든 것인지 정확히는 기억이 나지 않는다. 어쨌든 그 새로운 기계를 발명한 공로(?)로 아버지는 정미소 설비 사업을 하게 되었다. 강원도에서 경기도 양평까지 정미소를 새로 지으러 다녔다. 맞춤한 정미 기계들을 설치하고 전체 설비도 마무리했다. 요즘으로 치자면 일종의 플랜트 사업이랄까? 그 일로 가계 사정이 퍽 좋아졌다.

나도 어릴 때부터 과학을 좋아했다. 엄밀히 말하면 손으로 열어서 뜯고 만지는 것을 좋아했다. 누구나 해봄 직한 '라디오 뜯기'는 재미난 놀이였다. 늘 원상태로 맞춰놓는 것에는 실패해 어머니께 꾸중을 들었지만, 남다른 손재주를 갖지 못한 나조차도 포기할 수 없을 만큼 재미있는 일이었다. 과학에 대한 흥미에 계속 바람을 불어넣은 것은 〈소년소녀 공상과학 문학전집〉[1986]이었다. 아버지는 정미소를 짓고 벌어온 돈으로 그러한 책들을 사주셨다. 한번 사놓으면 초등학교에 다니는 여섯 명의 자녀가 볼 수 있으니 아버지로서도 남는 장사였을 것이다.

내 기억에 80년대까지만 해도 우리나라에서 SF[Science fiction]는 온전한 문학 장르가 아니었다. 상상력이 가미된 소설들은 어린이들을 위한 작품으로 여겨졌다. 그래서 대부분 SF는 아동전집으로 발간되었다. 전집 제목에 '소년소녀'가 붙는 것도 당연했다.

SF 중에는 유독 우주인이 지구를 침공하는 내용이 많았다. '우주개발', '우주전쟁', '화성 탐험', '은하방위군' 등이 가장 흔한 소재였다. 지금은 이름만 대면 알 법한 쥘 베른과 허버트 조지 웰스, 하인라인과 아시모프 등 유명 작가들이 거기에 다 있었다.

점점 우리나라 가정 살림이 좋아진 탓이었을까, 어느 순간부터 소년소녀 공상과학 문학전집에 고급 양장 바람이 불었다. 책이 제법 그럴싸해졌다. 소재도 시간여행이나 상상의 기술이 만든 문명사회 등으로 다양해졌다. 훈민사에서 발간한 열두 권짜리 전집과 계림출판사에서 발간한 스무 권짜리 전집이 아직도 기억이 난다. '타임머신', '공중도시 008', '지하 왕국' 그리고 '해저 2만 리', '은하계 방위군', '우주괴인 잘로우 박사' 등 제목만 들어도 추억이 새록새록 한 이야기들이 거기에 담겨 있었다.

중학교 즈음부터는 화학의 신비에 눈을 뜨기 시작했다. 눈에 보이는 현상 뒤에 숨겨진 촉매의 작용이 내게는 마법과 같았다. 촉매觸媒의 영단어인 'catalyst'는 '매듭 등을 풀다'는 그리스어에서 유래했다고 한다. 자신은 변하지 않으면서 다른 물질의 화학 반응을 도와주는 것이 촉매의 매력이다. 변화의 속도를 느리게도 하고 빠르게도 한다. 산업 현장과 일상생활에서 화학은 다채로운 일을 한다. 원유 정제부터 플라스틱 합성, 의약품과 비료 제조에 이르기까지 다양한 화학 공정의 90%에 촉매제를 사용한다. 나는 화학을 통해 새로운 것을 만들고 세상을 바꿀 뭔가도 할 수 있으리라 기대했다. 선 굵은 호기심은 자연히 대학 진학에도 영향을 미쳤고, 나는 1983년 연세대학교 화학공학과에 입학하게 됐다.

'호기심이 많다'는 면에서 노무현 대통령과 나는 죽이 잘 맞았다. 노무현 대통령은 기술에 관심을 갖는 쪽이었다. 내가 만난 최초의 얼리어답터Early Adaptor였다. 일단 '새로운 것'에 대한 거부감이 없었다. 한 번 효과를 경험하면 주변에도 적극 사용을 권했다. 업무 진행부터 국정 운영에까지 그대로 적용됐다. 1988년 국회의원 최초로 전자수첩을 사용하고, 가장 먼저 의원실에 랜선을 연결했다. 온라인을 통해 자료를 수집하고 모은 자료를 처리하는 시스템도 착착 만들곤 했다.

노무현 대통령은 경험적으로 대한민국의 미래가 디지털화에 달려있다는 걸 알고 있었다. 취임 전부터 김대중 대통령이 튼튼히 닦아둔 'ICT 강국'의 길을 확장시켜 디지털 시대의 막을 열 계획을 품고 있었다. 노무현 대통령은 과학 그중에서도 IT 기술 혁신을 위해 반도체 개발에 몰두해 온 진대제 사장을 정보통신부 장관으로 영입했다.

2003년 대한민국 대통령 최초로 정보통신의 날 행사에 참석해 "IT를 중심으로 신성장동력 발전 전략을 수립해 미래의 새로운 양식을 창출하겠다"고 한 약속을 충실히 지켜나갔다. 3G 시대의 개막, 초고속 인터넷망 구축, 디지털 콘텐츠 산업 육성, IT 기반의 벤처기업 육성 지원 등을 진행했다. IT 강국 대한민국이라는 위상이 만들어진 것은 다음의 일이다.

내부적으로는 청와대 업무 관리 시스템도 정비했다. '이지원'은 청와대 데이터 통합 관리 프로그램이다. 디지털 정보와 지식이 가득한 정원이라는 의미를 담아 청와대의 정원인 '녹지원綠地園'에서 이름을 따왔다. '통합과 표준화'를 모토로 여기 저기 흩어져 있는 정보를 모으고, 각각으로 진행되던 프로세스도 하나의 형태로 정리했다. 정보 공유를 쉽게 하고 업무 효율성도 높였다. 이지원은 '시스템 민주주의의 구현'이라는 평가를 받았고, 시스템 개발에 직접 참여했던 노무현 대통령은 국유 특허도 취득했다.

어느 사형수의 선견지명

청와대를 나온 후에도 나는 "과학 기술에 대한 관심을 놓지 말아야 한다"는 주장을 많이 했다. 고백하자면 들은 만큼 말한 것뿐이다.

2013년 〈중앙일보〉와 함께 우리의 나아갈 바를 묻는 원로들과의 대담을 진행할 때 신승봉 작가를 만난 적이 있다. 그는 〈조선왕조 500년〉[1990]을 포함해 많은 사극을 선보인 유명 작가다. 신승봉 작가에게서 '우리가 일본에 뒤진 이유'를 듣고 나도 정신이 번쩍 났다. 과학 기술에 대한 무지가 역사의 수레바퀴를 어떻게 멈추게 하는지, 그는 하멜 이야기를 통해 호되게 가르쳐 주었다.

1592년부터 1598년까지 조선 땅에서 벌어진 임진왜란과 정유재란은 수십만에서 수백만 명에 이르는 사상자를 낸 전쟁이었다. 일본인과의 전투뿐만 아니라 전쟁 끝에 일어난 기아와 질병으로 수많은 조선인이 피해를 당했다. 전후 복구에도 막대한 비용이 들어 나라의 곳간은 거덜이 났다. 백성들의 삶은 더욱 힘들어졌다.

임진왜란과 정유재란에서 일본은 조선에 패했고, 조선을 지나 명으로 간다고 주장했던 도요토미 히데요시는 사망했다. 일본은 내부의 정치적 혼란을 추스르며 조선과의 관계를 개선하고자

〈미션 임파서블〉〈사피엔스〉〈총 균 쇠〉

했다. 특히 새로운 정치 권력자로 등장한 도쿠가와 이에야스는 내부 안정과 함께 평화적 외교 관계를 유지하는 방향으로 정책을 전환했다.

그런데 그로부터 300년 뒤 일본은 또다시 한반도를 향한 야욕을 드러냈다. 결과적으로 한반도에 대한 지배권을 얻는 것은 물론 중국, 러시아, 동남아시아, 태평양 지역까지 광범위한 식민지와 점령지를 확보한다. 일본은 도대체 무슨 배짱으로 제국주의적 확장을 시도했던 것일까?

신봉승 작가는 일본이 조총을 제조하는 기술을 배워 근대화에 성공한 이야기를 전해주었다.

임진왜란이 일어나기 수십 년 전인 1543년 일본은 표류해온 포르투갈인들을 통해 조총 제조 기술을 배웠다. 포르투갈인들이 머물던 마을 촌장의 딸은 포르투갈인들이 과녁을 맞히는 총을 신기하게 보고 직접 조총 제조 기술을 익혔다. 그들이 일본을 떠날 때 조총을 샀고, 그들을 따라가 홍콩을 통해 대포와 총을 만드는 기술자도 데려왔다. 조총 제조 기술은 영주이자 훗날 일본의 전국시대를 종식시킨 오다 노부나가에게 전해졌다. 오다 노부나가는 조총을 활용해 전국시대의 전쟁 양상을 변화시켰고 이 같은 전술 혁신은 일본을 통일하는 데 큰 영향을 미쳤다. 오다 노부나가의 뒤를 이어 일본 통일을 완수한 인물이 임진왜란을 일으킨 도요토미 히데요시이다.

오다 노부나가, 도요토미 히데요시, 도쿠가와 이에야스 이 세

명의 걸출한 인물이 완성한 '전국시대의 통일' 이후에도 일본은 새로운 문물, 기술에 대한 호기심을 멈추지 않았다.

일본 근대화의 상징인 메이지유신1868 뒤에도 내전은 계속됐다. 혼란한 상황 속에서도 일본 정부는 장차관급 고위 인사와 유학생 150여 명을 추려 해외에 시찰단을 보냈고 1년 반 동안 미국과 영국, 독일을 둘러보고 온 그들은 1,800권에 이르는 보고서를 썼다. 이를 바탕으로 일본 정부는 근대적 제도를 만들고 정비해 갔다. 일본의 가장 빠른 근대화는 제국주의 기조와 만나 식민 국가 건설이라는 야욕에 불을 댕기는 우리로서는 매우 안타까운 결과를 만들었으나 일본 내부적 평가는 우리의 생각과 다르다. 근대화의 성공은 강대국으로의 길로 이어졌다.

일본에 포르투갈인이 조총을 가져다준 때로부터 90년 뒤인 1653년, 조선에도 네덜란드 선원들이 표류해 왔다. 우리에게 너무도 익숙한 〈하멜표류기〉1668의 주인공 헨드릭 하멜Hendrik Hamel과 서른다섯 명의 선원들이었다. 그들도 군사 기술에 능했고 선진 문물을 갖고 있었다. 하멜은 동인도회사의 선원으로 해상 강국 네덜란드에서 선진 무기 기술을 익힌 전문가였다. 그러나 조선은 그들에게 뭔가 새로운 것을 배우려 하지 않았다. 그들의 언어를 배우지 않았고 그들의 기술에도 관심이 없었다. 조선에서 하멜과 그의 일행은 잡일을 돕고 노래와 춤을 췄으며 조선 정부에 의해 각 지방으로 흩어졌다. 하멜은 조선에 남는 것을 거부했고 13년간 조선에서 억류된 후에 동료들과 탈출해 네덜란드로 돌아갔다.

〈미션 임파서블〉〈사피엔스〉〈총 균 쇠〉

현대인들은 〈하멜표류기〉가 조선의 생활 모습, 문화, 정치 제도를 잘 담고 있어 역사적 사료로서 높은 가치가 있다고 평가하지만, 실상 하멜이 그 기록물을 남긴 이유는 따로 있었다. 조선에 억류된 동안 받지 못한 임금을 받기 위해 동인도회사에 제출할 기록물이 필요했던 것이다.

신봉승 작가는 하멜 일행이 조선에 머물던 동안 네덜란드어를 배운 사람이 단 한 명도 없었다는 데 큰 아쉬움을 전했다. 당시 세계적인 해상강국이었던 네덜란드의 언어를 익혔다면 교류를 할 수 있게 되고, 국가에 큰 도움이 되는 선진 문물도 도입할 수 있었을 것이기 때문이다. 일본이 조총을 배우고 익혔듯 꾸준히 새로운 문물을 유입했다면 우리도 우물 안 개구리로 남지는 않았을 것이기 때문이기도 하다. 과학 기술은 물론 국제 정세에도 문외한이었던 조선은 후에 강제로 문을 개방하고 강대국 사이에서 살 길도 찾지 못했다. 한 때 나라를 빼앗겼던 조선의 후예로서 뼈아픈 교훈이 아닐 수 없다.

오래 전부터 나는 '강대국의 교훈'을 정리하는 데 공을 들였다. 그런데 몇 챕터를 정리할 때마다 나를 좌절시키는 책을 만나곤 했다. 지금에 와서는 '이 주제로 계속 원고 작업을 하는 게 맞을까?' 회의를 품고 있는데, 다음의 두 책은 내 후속작의 가장 강력한 경쟁 도서들이다.

첫 번째 책은 2005년 국내에 출간된 〈총 균 쇠〉이다. 재레드

다이아몬드Jared Diamond는 문명 발달의 원인에 대해 지리적, 환경적 요인이 중요하다고 지적하며 인류 역사의 불평등 역시 인종이나 문화적 우월성 때문이 아니라 환경적 요인 때문이라고 설명했다. 그는 이 명저에서 생물학자이자 지리학자, 역사가로서 방대한 자료를 확보하고 자신의 통찰을 더해 강대국의 성장 배경을 설명한다.

두 번째 책은 이스라엘에서 2011년 출간된 〈사피엔스〉이다. 이 책의 저자이자 예루살렘 히브리대학교의 역사학과 교수인 유발 하라리Yuval Harari는 인류에게 중요한 사건을 인지혁명, 농업혁명, 과학혁명 순으로 정리하고 허구(가짜)에 대한 인간의 믿음이 문명 발달과 혁명의 원천이었음을 소개한다. 허구에 대한 상상력 덕분에 인간이 거대한 사회적 협력을 이끌어낼 뿐만 아니라 첨단 기술을 발전시킬 수 있었다는 설명이다. 인공지능, 생명공학과 같은 과학 기술의 발달이 인류에게 어떤 영향을 미칠지도 고민하게 한다.

이 두 도서에서 나는 '총'으로 대표되는 광범위한 기술력이 문명 확장의 도구로 활용되고, 결국 과학혁명에 성공한 순서대로 강대국에 진입하는 것을 확인했다. 반대로 기술 전진이 더딘 나라는 역사의 수레바퀴를 돌리지 못하고 도태되고 말았다. '강한 기술력'은 강대국이 된 국가들이 갖는 공통점이기도 하다.

그런데 과학이란 전 인류가 동일한 지식을 갖고 동일한 발전을 이룩할 수 없는 분야이다. 전문가 집단이 존재하고 그들이 얼마나 상위 레벨의 성취를 이루느냐가 관건이다. 또 하나 중요한 것이 있다. 사회 지도자의 이해다.

1973년 영국 사절단은 청을 찾아 건륭 황제를 알현했다. 조지 매카트니 George Mccartney 는 통상 확대와 무역항 개방, 섬 할양 등을 요구하며 영국을 대표하는 선물들을 가져왔다. 망원경, 시계, 마차, 공기총을 본 건륭 황제는 "너희 발명품은 별다른 가치를 느끼지 못할뿐더러 필요치 않다"며 영국의 요구를 대부분 거절했다. 건륭 황제는 청의 주권과 전통 질서를 지키려고 한 것이었다. 그러나 한편으로는 청나라의 문화와 제도가 서양의 그것들보다 우월하다는 생각도 강하게 작용한 것이다. 황제는 사절단의 요구를 '이익을 탐하는 하찮은 요구' 정도로 생각했다. 통상수교거부 정책의 결과 청은 서양 열강의 침략에 제대로 대응하지 못했고 영국의 산업혁명보다 300년 뒤처지게 된다.

반대로, 과학 기술에 대한 지도자의 이해가 국민 모두에게 편익을 가져오고 국가 발전을 주도한 사례도 얼마든지 있다. 미국의 앨 고어 부자父子는 미국 고속도로를 건설한 업적으로 유명하다. 1956년 테네시주 연방 상원의원이었던 앨 고어 1세Albert Gore는 연방고속도로 건설법Federal Aid Highway Act of 1956을 만들었다. 주요 도시를 연결하는 6만 6,000km의 고속도로를 15년간 건설하게 했다. 건설을 위해 250억 달러가 승인되었고 미국 역사상 가장 큰 공공사업 프로젝트가 되었다.

고속도로가 뚫리기 시작하자 주변에는 모텔, 휴게소, 식당,

슈퍼마켓 등이 들어섰다. 맥도널드, 월마트, 페덱스와 같은 기업들도 이때 등장했다. 고속도로 덕분에 LA와 라스베이거스 같은 도시들도 번영이 시작됐다.

1992년 부통령이었던 앨 고어 2세Albert Gore Jr.는 아버지의 아이디어를 발전시켜 정보 고속도로information highway(초고속 정보통신망)를 주창했다. 1980년대 중반부터 그는 정보 고속도로를 완성하면 신분, 장애, 경제력, 거리, 성별의 장벽을 모두 없앨 수 있다고 생각했다. 그의 노력 덕분에 정보혁명론은 정보화시대의 새로운 민주주의론이자 혁명 이론으로 자리 잡았다. 미국 정부는 지식정보사회에 대비한 10대 분야별 정책 방향에 맞춰 소프트웨어 개발, 정보 인프라 조기 확충 등에 집중적으로 투자했고, 인터넷을 통한 정보혁명의 주도권을 획득할 수 있었다. 아마존과 이베이 같은 인터넷 기업들이 새로운 시장을 개척할 수 있었던 것도 이 때문이다. 세계 각국은 앨 고어 2세의 아이디어에 자극을 받아 IT 인프라 확충에 뛰어들 수 있었다.

우리나라에서는 1998년 취임한 김대중 대통령이 IT 정책에 적극 나섰던 것이 큰 영향을 미쳤다. 김대중 대통령은 대통령 후보 시절부터 구체적인 정보 선진화 방법을 제시하며 '1인 1PC 시대' 실현, 중고등학교에 정보화 과목 배정, 효율적인 전자정부 구현, 개인의 사생활 정보 보호, 초고속 정보통신망 구축 등을 구체적인 공약으로 제시했다.

국민의 정부 출범기에는 발 빠르게 IT 정책을 수립하고 추진했다. IT 기술은 지식정보사회의 기반이라는 인식으로 정보통신망의 고속화와 고도화를 적극 추진하며 투자를 아끼지 않았다. 국민의 정부의 노력으로 2002년 한국의 인터넷 가입자는 2,500만 명을 넘어섰고, 인터넷 이용 가구도 1,000만에 육박했다. 그때까지 정보통신망 고속화와 고도화에 배정된 예산은 10조 4,000억 원 규모로 이를 통해 초고속 인터넷의 가구당 보급률이 획기적으로 높아졌다. 당시 우리나라의 초고속 인터넷 보급률은 54.3%로 영국(0.8%), 일본(6.3%), 미국(13.1%)에 비해 압도적으로 높았다.

국민의 정부가 빠르고 강력하게 정보화 시대를 이끌 수 있던 것도, 정보통신에 대한 김대중 대통령의 이해 덕분이었다.

사형 선고를 받은 김대중이 수형자受刑者로서 수사관과 나눈 대화는 유튜브에서 쉽게 찾아볼 수 있다. 청주 교도소에 갇힌 그는 '전자혁명은 제2의 산업혁명'이라 정의하고, '미래는 정보화 사회가 될 것'이라고 예견했다.

1970~80년대는 미국의 컴퓨터 산업이 급성장하던 시기였다. 많은 기업들이 PC 그리고 소프트웨어 개발에 참여했다. 이전에는 대형 컴퓨터가 정부 기관, 대기업, 연구 기관 등에서 사용되었다. 그러다 1981년 12월 IBM에서 최초의 개인용 컴퓨터를 출시했다.

김대중 대통령은 1973년 일본 도쿄에서 중앙정보부에 의해 납치되고 1976년 구속되어, 1980년 군부의 결정으로 사형선고를 받았다. 생명의 위협을 받는 시기에도 그는 각종 자료를 섭렵하며 미국을 중심으로 벌어지는 정보화 혁명을 이해했고, 이 혁명이 세상을 바꿀 것이라는 결론을 이끌어냈다. 1981년 사형수 김대중이 뱉은 말은 이러했다.

> "미국 이야기가 아니라 바로 우리 이야기예요. 우리도 그 전자(혁명) 영향을 받게 되고 빨리 도입해야 되고 우리도 그것을 개량할 수 있는 기술을 가져야 해요. 그런데 우리나라 사람들이 미국에 가서 많이 공부하고 있잖아요. 그들을 끌어오면 우리도 미국과 동시에는 못 하더라도 한 10년 차이를 놓고 따라갈 수가 있어요. 그러려면 우리나라 정치가 안정이 돼야 해요."

기술 개발과 도입에는 막대한 비용과 자원이 들어간다. 어느 나라도 지도자의 이해 없이는 막대한 재원으로 혁신 조직을 지원할 수 없다. 오래 전부터 기업 대표, 행정 관료, 정치인 그리고 대통령이 과학 기술을 얼마나 이해했느냐가 나라의 미래를 결정해 왔다.

무조건 상상만 하면 되는 업무

21세기 기술 역량은 개인의 역량을 넘어 국가의 역량이다. 새로운 기술을 우리가 딛고 선 세상에 적용하는 데는 '적극성'이 필요하다. 개인인 리더는 그 적극성을 발휘하는 사람이다. 불가능을 가능하게 하는 리더의 적극성이 없다면, 사회와 국가는 결코 미래로 나아갈 수 없다.

물론 반대도 마찬가지다. 개인의 역량을 국가의 역량으로 확대시킨 기술 강국은 어려운 지정학적 위치, 척박한 자연 환경 가운데에서도 희망적인 미래를 만들 수 있다.

이스라엘은 우리나라와 닮은 점이 많은 국가다. 남북한으로 갈라진 대한민국은 동서남북 모든 방향이 막혀있다. 이스라엘도 주변국과 문화가 달라 섬나라처럼 살아가고 있다. 그럼에도 두 국가 모두 무역 의존율이 90%를 넘는다. 가진 자원이 부족해 개방적인 경제 구조를 유지할 수밖에 없다. 국가 발전을 위해 기술의 발전에 사활을 거는 것도 비슷하다. 우리나라는 반도체, 디스플레이, 정보통신, 자동차, 바이오 분야에서 앞서고 이스라엘은 정보통신, 농업 기술, 의료 기술, 군사 기술, 물 관리 기술에서 앞선다.

굳이 두 나라 중 한국이 나은 점을 꼽자면 자연 환경이 좋다는 점이다. 이스라엘은 겨울철 3~4개월에만 비가 집중적으로 내려 수자원 확보에도 애를 먹는다. 대표적인 물 부족 국가로 꼽힌다. 그런데 이를 해결하는 과정에서 이스라엘의 물 관리 기술은 세계적인 수준으로 올라섰다.

이스라엘의 하수 재처리율은 80% 이상으로 세계 1위다. 최소한의 물로 농작물을 재배하는 드립drop식 관개 시설도 개발했다. 그래도 모자란 물은 바닷물에서 염분과 기타 불순물을 제거하는 '담수화 기술'을 이용한다. 물 수요의 40%를 담수화 기술로 충당한다.

이스라엘의 담수화 기술은 주변국과의 문제를 해결하는 주요 솔루션이 되기도 한다.

이스라엘은 국경을 접하고 있는 요르단과 역사적으로 복잡한 관계를 유지해 왔다. 이스라엘 건국1948 이후 팔레스타인 난민 문제가 발생하자, 요르단은 이들을 수용하며 팔레스타인 난민의 권리를 옹호하는 입장을 취했다. 1967년 중동전쟁에서 이스라엘이 요르단 강 서안 지구를 점령하자 영토 분쟁까지 발생했다. 이렇듯 오래된 긴장 관계를 풀어준 것이 담수화 기술이었다.

2005년 이스라엘, 요르단, 팔레스타인 3개국은 '홍해-사해 담수화 프로젝트'에 합의했다. 그리고 2013년 구체적인 사업 합의가 이루어졌다. 요르단은 지난 과거의 갈등을 잊고 물 부족 문제를 해결하기 위해 이스라엘과의 협력 관계를 선택했다. 이 밖에도 이스라엘은 지중해 동부의 섬 키프로스, 중국, 아프리카, 미국의 일부 등 물 부족 문제를 겪는 지역에 담수화 플랜트 건설 기술을 제공하고 있다. 주변국과 협력 관계를 구축하는 데 자신들의 기술을 활용하고 있다.

우리나라에도 기술 전수를 통해 국제적 협력을 도모한 사례가 많이 있다. 대표적으로 1980년대부터 동남아시아에 섬유, 전자, 자동차 부품 분야의 생산 기술과 노하우를 전수해 왔다. 이를 통해 동남아시아 국가들의 산업 발전에 도움을 주는 것은 물론 국가 간 협력을 강화하고 상호 발전을 도모했다. 물론 우리나라 기업들의 현지 생산 능력을 올려 우리나라의 국익에도 큰 도움이 되었다. 시장 확대, 자원 확보, 외교력 강화 등의 효과는 금액으로 환산하기 어려울 정도다. 기술 강대국으로서 우리나라 역시 수혜를 입고 있는 것이다.

얼마 전 나는 '특허'를 출원했다.

스마트워치가 인기를 얻기 시작한 지 꽤 됐다. 맥박, 산소 포화도, 스트레스 수치까지 측정해 주며, 식약처로부터 의료기기로 허가를 받은 제품까지 등장했다. 스마트워치가 이러한 신체 활동을 측정하는 원리는 PPG Photo Plethysmo Graphy (광 혈류 측정 센서) 기술을 활용한 것이다. 스마트워치의 뒷면을 보면 초록빛이 나오는데, 이 빛은 일부는 피부에 흡수되고 일부는 반사되어 스마트워치로 되돌아온다. PPG 기술은 반사된 빛으로 혈류량을 체크하는 기술로, 이를 토대로 신체의 다양한 활력 징후 Vital Signs 를 확인할 수 있다.

PPG 기술을 처음 개발한 이는 미국 세인트루이스 의대 알릭 허츠먼 Alrick Hertzman 이다. 그는 1938년 논문을 통해 PPL 기술을 소개했는데 피부에 빛을 비췄을 때 반사되어 오는 빛의 양과 혈액량 사이의 관계를 발견한 것이다.

이를 통해 개발된 PPL 센서는 심장 박동에 맞춰 계속 변화하는 미세한 혈류량의 변화를 감지한다. 감지된 혈류량 변화는 앱 프로세서에 의해 기록되고 가공돼 심장 박동 수, 산소 포화도, 호흡수, 혈압까지 추측 값을 확인할 수 있게 된다.

PPL 센서가 의료 분야에 사용되기 시작한 것은 1970년대로, 적극적으로 일상생활에 적용되기 시작한 것은 2000년대부터다. 웨어러블Wearable(착용감이 좋고 착용하기에 적합한) 장치가 개발돼 일반인을 대상으로 상용화가 이루어졌고 2020년대에는 정확도와 성능이 향상돼 신뢰도도 매우 높아졌다. 전에는 피부를 절개하거나 바늘을 꽂아야 확인할 수 있던 활력 징후를 웨어러블 장치를 착용하는 걸로 확인할 수 있게 됐으니 그야말로 세상 편해진 것이다.

그러나 PPL 기술에도 한계는 있다. 1차로 얻어진 데이터를 앱을 통해 계산하고 가공해 결괏값을 만들어 내다보니 계산 과정에서 오류가 생길 수 있다. 부정확한 측정으로 데이터가 오염될 수도 있다.

여기서 아이디어가 떠올랐다. '활력 징후를 확인하는 데 동양의 접근법을 적용해 보자!'. 한의사들이 손으로 진맥을 하듯이 스마트 워치에서 물리적인 힘으로 맥을 잡고 이를 수치화해 보자는 아이디어였다. 손목을 포함해 맥을 짚는 세 곳에 콩알 다섯 개 정도의 무게를 가해 직접 맥박수를 측정해 결괏값을 얻을 수 있다. PPL이 서양의 기술을 이용한 것이라면 내 아이디어는 동양의 원리를 이용한 것이다. 스마트워치에 둘 다 적용해 보고 어느 것이 더 정확하고 유용한지를 겨루어 보는 것이 나의 목표다.

아이디어를 서면으로 정리하여, 몇 해 전 공학 박사 친구와 특허를 출원했다. 그리고 이를 유지하기 위해 매년 특허료까지 내고 있다. 아내는 그 특허가 과연 효용이 있을지, 제품화될 경우 얼마나 경제적 이익이 생길지 의문을 제기하지만 나는 아랑곳하지 않는다. 진화하는 세상에 아이디어 하나를 보태는 비용으로 그 정도는 감당하겠다는 생각이다.

수십 년도 전의 일로, 미국계 대기업에 다니는 친구로부터 "회사에 상상만 하는 부서가 있다"는 이야기를 들은 적이 있다. 무엇이든 상상만 하면 된단다. 그것이 가능한지 아닌지는 다른 이가 판단하고, 임무를 맡은 이는 무조건 상상만 하면 된다니 나로서는 놀라운 이야기가 아닐 수 없었다. 이후 호기심을 갖고 진짜 그러한 부서가 있는지 몇몇 회사에 수소문을 해봤다. 최근 확인된 곳은 'IBM 리서치'와 '구글X'이다.

IBM은 인공지능, 양자 컴퓨팅, 블록체인, 클라우드 컴퓨팅 등 다양한 미래 기술을 갖고 있는 회사다. 기업 내에서 미래 기술 연구와 혁신적인 아이디어 개발에 집중하는 조직으로 리서치를 운영하고 있다고 한다. 미래 사회를 변화시킬 잠재력이 큰 기술들을 찾아내서 학문적 성과를 실제 산업에 적용하는 데 중점을 두고 있다.

구글X는 비밀 연구 조직으로 유명하다. 문샷 Moonshot Projects

이라는 이름으로 미래 기술을 연구한다. 원래 문샷은 케네디[John F. kennedy] 미국 대통령이 "우리는 달에 갑니다[We choose to go to the moon]"라는 연설문을 통해 발표한 '달 탐사선 발사' 프로젝트를 의미하는 단어였는데, 요즘은 불가능해 보이는 혁신적인 목표나 프로젝트를 의미하는 단어로 쓰이고 있다. 구글X에서도 자율주행, 드론 배달, 풍력 에너지 발전 등 혁신적인 아이디어를 탐구하고 과감한 도전을 진행하는 것으로 알려져 있다.

물론 국내 기업들도 소리 소문 없이 미래 기술을 연구하는 곳이 많다. 당장은 수익이 안 나더라도 연구를 진행해 기술을 축적하는 연구소들도 꽤 많다. 개인적으로는 불가능을 가능하게 하는 상상력이 발현되는 곳들을 계속해서 살펴보고 싶은 욕심이 든다.

더불어 정부에도 불가능을 가능하게 하는 상상력이 발휘될 공간이 필요하다고 생각한다. 요즘은 이공계 출신 공직자들도 많아졌다. 그러나 지금보다 더 많아져야 한다. 우리나라에서 이공계 출신들이 공무원이 되자면 기술직 시험을 따로 응시해야 한다. 전공 지식을 바탕으로 업무를 수행하는데, 일반 산업계보다 급여가 높지 않아 일반직 공무원보다 경쟁률이 낮다. 능력 있는 이공계 출신들이 정부에 들어와 일할 수 있도록 문을 좀 더 열고 능력도 인정해 줘야 한다.

이미 4차 산업혁명이 시작되었고 인공지능과 함께하는 사회가 코앞이다. 과학 기술의 발전이 가속화되는 상황에서 기술의 전문성은 더욱 강조되고 있다. 정부에서 능동적으로 대처하기 위해서는 풍부한 인적 자원이 필요하다.

대학에서부터 많은 이공계 인력을 배출하는 일도 지원해야 한다. 그간 유연하지 못한 교육 시스템으로 인해 인재 배출이 원활하지 못하다는 지적이 많았다. 20년간 스탠퍼드 대학교 컴퓨터공학과가 100명 수준이던 정원을 800명 수준으로 확대한 것에 비해, 서울대학교 컴퓨터공학부는 55명이라는 정원에 묶여 있었다. 무려 20년 동안이나 말이다. 언론의 뭇매를 맞고 2023년부터 겨우 증원에 나섰고, 2025년 현재 100명으로 가까스로 세 자리 수를 맞췄다. 수도권 대학들은 정원 증원 제한에 걸리고, 비수도권 대학들은 시설 확충, 교수진 확보의 어려움으로 인력 충원에 적극적이지 않으니 정부가 나서서 솔루션을 제시해 줘야 한다. 그러자면 정부의 리더 즉, 국가의 리더가 생각하는 방식과 보는 시야가 크고 넓어져야 한다.

2021년 디지털 기술 강국 에스토니아의 투마스 헨드릭 일베스Toomas Hendrik Ilves 전 대통령을 만나 에스토니아가 'e-에스토니아'라는 명성을 얻은 배경에 대해 들은 적이 있다. 에스토니아는 1990년대 초반 소련에서 독립한 후 국가 재건을 위해 디지털 인프라를 갖추기 시작했다. 90년대 후반에는 정부 주도로 학교와 공공기관에 IT 기기를 공급하고 2000년대 초반에는 전자 시민권 제도를 도입했다. 사회 전반에 걸쳐 다양한 혁신적인 기술을 도입해 활용하고 있다. 글로벌 IT 기업과 스타트업 생태계도 활성화돼 있는데 에스토니아 GDP에 디지털 기업이 기여하는 수준이 7% 이상이고 기업 가치 1조 원 이상의 유니콘 기업도 예닐곱 개나 된다고 한다. 에스토니아는 2007년 세계 최초로 전자투표를 시행하기도 했다. 인정받은 보안 기술인 블록체인 강국이기 때문에 가능한 일이었다.

일베스 전 대통령보다 앞서 집권했던, 에스토니아 최초의 여성 대통령인 게르스티 칼률라이드는 미국 실리콘벨리 시스템을 교육 현장으로 옮겨놓기도 했다. 에스토니아는 현재 100% 디지털 교육을 진행하고 있는데, 단순히 물리적으로 책을 PC에 밀어 넣는 것이 아니라 기술을 활용해 아이디어를 현실에 구현하도록 해 '경험을 제공하는 교육'이라는 평가를 받고 있다.

일베스 전 대통령은 앞으로는 '디지털 공공서비스'가 핵심이라며 정부와 관련한 모든 서비스를 디지털화해야 한다고 강조했다. 이를 통해 생계형 부패를 줄일 수 있다고 설명했다.

조금이라도 앞선 기술을 들으면 마음이 급해진다. 우리나라도 교육에서부터 불가능을 가능하게 하는 아이디어를 창출하고, 이공계 전문 인력을 키워가며, 정부에서도 디지털 공공서비스를 강화하는 혁신을 이어가야 한다. 이를 실현하기 위한 구체적인 정부 정책들이 나와야 한다. 교육에서, 행정 개편에서, 정부 정책에서 과학 기술을 접목하고 실현하는 일들은 현업 정치인과 행정 관료들의 몫이다. 아직도 해야 할 일들이 너무나 많다.

나는 여전히 혁신 경험을 바탕으로 〈사피엔스〉, 〈총 균 쇠〉를 능가하는 책을 써 보고 싶다는 욕심을 버리지 못하고 있다.

8장

서울의 봄을 넘어
우리의 봄으로

〈서울의 봄〉
〈소년이 온다〉

사랑 때문이다

광주광역시가 5·18민주화운동 29주년2009에 발표한 통계를 보면 5·18민주화운동으로 발생한 총 사상자는 5,189명이었다. 사망자 163명, 행방불명자 166명, 부상 뒤 사망자 101명, 부상자 3,139명, 구속 및 구금 등의 기타 피해자 1,589명, 아직 연고가 확인되지 않아 묘비명도 없이 묻혀 있는 희생자가 다섯 명이었다. 여기에 더해 진압 때 희생된 군인과 경찰도 각각 스물두 명, 네 명이었다.
   2010년대 중반 한승원 작가의 딸 한강 작가가 〈소년이 온다〉 2014를 출간했다는 소식을 전해 들었다. 그러나 선뜻 읽을 용기가 나지 않았다.
   10대 때 이미 나는 들어서 알고 있었다. 재야의 인사들이 모여드는 원주에서, 사람들은 광주에서 무슨 일이 벌어졌는지 이야기했다. 두려움에 차마 영상을 볼 수도 없었다. 대학교에 가서도 최대한 외면하고자 했다. 하지 않을 수만 있었다면 그렇게 했을 것이다. 그러나 도서관에서 머리채를 잡힌 채 끌려가는 여학우를 보았고, 광주 관련 영상도 보게 됐다. 수많은 사람들의 목숨값으로 권좌에 앉은 대통령을 그대로 보고 있을 수만은 없었다.

끝내 이길 수 없더라도, 혹은 이길 수 없다는 것을 알면서도 해야 하는 일이 생겼다. 엄혹한 시절의 희망이란 '꼭 내 대(代)가 아니어도 바로잡힐 것은 반드시 바로잡힐 것'이라는 믿음뿐이었다. 〈어떻게 죽을 것인가〉2015를 쓴 아툴 가완디 Atul Gawande의 말처럼 희망은 계획이 아니었지만, 우리가 가진 계획은 희망밖에 없었다.

2023년 11월 〈서울의 봄〉 개봉도 내게는 달가운 소식이 아니었다. 대충 상황이 그려졌다. 대작이 개봉할 거라는 소문이 파다했고, 어떻게든 봐야 할 상황이 생길 줄 짐작했다. 벌써부터 여기저기서 함께 영화관에 가자고 연락이 왔다. 선뜻 나서지 못하다가 영화관을 찾았다.

영화가 상영되는 동안 나는 몇 번이나 영화관을 빠져나와 복도에 앉아 쉬어야 했다. 영화관은 타인의 삶을 보러 가는 것인데 〈서울의 봄〉에는 나와 우리의 삶도 담겨 있었다. 쿠데타로 권력을 찬탈한 이와 이를 저지하려는 이가 팽팽히 대립 중이었는데, 너무나 허무하게도 나는 그 대립이 어떻게 끝날 줄 알고 있었다. 클로즈업 되는 독재자의 얼굴이 분노와 함께 통증을 몰고 왔다.

힘들고 고통스러운 순간일수록 더 자주 떠오르고 더 실감나

게 되살아난다. 박제된 기억으로 영원히 잊히지 않을 것만 같다. 옴짝달싹하지 못하는 갑갑함에 휩싸일 때는 시간조차 소용이 없으리라는 자포자기의 심정이 된다.

〈소년이 온다〉에서 계엄군이 도착하기 전, 도청을 찾아간 동호 엄마는 끝내 아들을 꺼내오지 못했다. 동호를 떠나보낸 후에는 그날의 선택을 후회하며 스스로를 자책했다. 그 마음 그대로 독재자를 향해 울부짖고, 졸도하고, 소복을 찢으며 소리를 질렀다.

〈서울의 봄〉을 보며 동호 엄마의 울분이 떠올랐다. 역사를 기억하는 인간의 숙명이란 이런 것일까, 비애가 나를 찾아왔다.

"저 감옥에 가게 될 것 같습니다. 죄송합니다."

아버지는 말이 없으셨다. 어머니는 우셨던가, 기억이 흐릿하다. 당시 교내에서 5분짜리 시위를 주동하면 징역 1~2년을 받는 것은 일도 아니었다. "감옥에 가면 인생 종치는 거다" 친구들이 말했다. 취직도 물 건너가는 것이었다. 그래서 운동을 그만두고 군대에 가는 친구들도 많았다. 그것은 그들의 선택이었다.

나는 감옥에 가고 싶었다. 운동권들 사이에서 고문에 대한 공포가 극에 달하던 때였다. 지도부로 올라가면 수배가 내려지고, 경찰에 붙들리고 나면 어김없이 지난 행적과 친구들의 행적을 불어야 했다. 그 과정에서 고문은 정해진 수순이었다.

두려웠다. 훗날 만난 한승원 작가는 "고문을 받고 나오면서 나는 추상명사를 잊어버렸다. 보통명사를 갖고 인생을 살아간다"

고 했다. 우정, 모성애, 의리, 가치와 같은 추상명사를 잊게 하는 고문….

당시 누구든지 고문이라는 말을 듣기만 해도 몸서리쳤다. 나 역시 고문이 두려운 건 마찬가지였다. 시위를 주도하다 감옥에 가면 그나마 고문은 덜 당하리라는 기대가 있었다. 그래서 빨리 시위를 주도하고 감옥에 가고 싶었다. 선배들에게 시위를 주도하게 해달라고 했다. 곧 내 차례가 올 것 같았다. '내가 감옥에 간다…' 일기장에 써 보았다. 오히려 마음이 편해졌다. 운동에 대한 부담, 가족들에 대한 부담, 사회에 대한 부담 모두를 내려놓을 수 있을 것만 같았다.

그러나 얄궂은 인생, 내 마음대로 할 수 있는 게 없었다. 비교적 독서량도 많고 후배들 교육도 맡고 있던 나는 '먹물'에 속했다. 학교에 남아 학생회를 이끌어야 했고 소식지도 만들어야 했다. 전국대학생연합 소식지 〈백만학도〉의 편집장을 맡으며 수배 생활이 시작됐다.

조사실 책상에는 "인생은 짧고 고문은 길다"는 글씨가 선명했다. 국가보안법 위반 혐의로 수배 후 체포된 상황에서 두려움이 몰려왔다. 다행히 박종철 고문치사사건 이후로 조사실 분위기도 바뀌어 있었다. 1988년 3월 11일 '징역 2년, 자격정지 2년, 집행유예 3년'의 형을 선고받고 다시 세상으로 나왔다.

선배들의 권유로 노무현 국회의원을 만나고 오는 길, 시청에서 걷기 시작했는데 어느새 명동을 향해 가고 있었다. 그날의 기억은 유난히 또렷하다.

　1988년 5월 15일. 명동성당 교육관 옥상에 한 청년이 서 있었다. 하얀 옷을 입은 청년의 손에는 햇빛을 받아 반짝이는 뭔가가 들려 있었다. 그는 몇 마디 말을 외친 후, 그것으로 자신의 배를 그었고, 옥상에서 뛰어내렸다. 도로에는 인파가 가득했는데 명동성당에서 주관한 행사가 치러지고 있었다. 청년이 추락한 곳으로 사람들이 몰려들었다.

　다음 날 신문에서 청년의 이름을 확인했다. 서울대학교 화학과에 다니는 스물네 살 조성만 학생이었다. 조성만 학생은 투신 전에 "한반도 평화와 통일, 남북 공동 올림픽 개최, 양심수 석방"을 외쳤다고 한다. 전라북도 김제에서 태어나 전주에서 고등학교를 마친 그는 대한민국 최고의 대학에 입학하고 군대까지 다녀왔다. 그런데 왜 그러한 죽음을 선택했을까?

　2011년 5월, 조성만 청년의 서거 13주기에 맞춰 《사랑 때문이다》(오마이북)가 출간되었다. 르포르타주 글을 써온 송기역 작가의 조성만 평전이었다. 조성만 청년의 유서는 '성부와 성자와 성신의 이름으로 아멘'이라는 가톨릭 기도로 시작한다.

　'척박한 땅, 한반도에서 태어나 인간을 사랑하고자 했던 한 인간이 조국 통일을 염원하며 이 글을 드립니다.'

　그는 유서에서 다가올 올림픽이 민족 화해의 장이 되어야 한다고 썼다. 찢어진 대한민국이 하나가 되어야 한다는 이야기였다. 더불어 진정한 언론의 자유, 노동 형제들의 민중 생존권 쟁취, 농민 형제들의 뿌리 뽑힌 삶의 회복, 민족 교육의 활성화 등을 주장했다. 이러한 것들이 실현되지 못해 고통 받는 형제들의 현실을 외면할 수 없다고 했다. 그는 자신의 죽음이, 점점 비인간화되는 조국을 자랑스러운 조국으로 변화시키는 불씨의 시작이 되기를 바랐다.

"왜 꼭… 죽어야만 했나요?" 지금의 우리라면 반드시 묻고 싶을 것이다. 그러나 당시의 나는 알고 있었다. 방법이 없었다. 전태일 열사부터 조성만 청년까지 옳은 것을 옳다고 외쳐도 사람들에게 닿지 않았다. 언론은 민주와 자유, 통일과 평화, 정의 실현에 관한 주장을 철저히 외면했다. 무엇이든 목숨을 걸고 해야 다음 날 신문에 2단짜리 단신이라도 기사가 실렸다. 80년대의 그 어떤 투쟁도 본의를 알릴 길이 없었다.

> '사랑 때문이다. 내가 현재 존재하는 가장 큰 밑받침은 인간을 사랑하려는 못난 인간의 한 가닥 희망 때문이다. 이 땅의 민중이 해방되고 이 땅의 허리가 이어지고 이 땅이 사람 사는 세상으로 자리 잡기를 바라는 알량한 희망, 사랑 때문이다. 나는 우리를 사랑할 수밖에 없고 우리는 우리를 사랑할 수밖에 없다.'

1988년 3월 18일, 조성만 청년은 이렇게 썼다. 그의 삶이 두어 달도 남지 않은 때였다.

산티아고에 비가 내린다

우리만 독재로 핍박받은 것은 아니다. 안타깝게도 세계 많은 곳에서 민주주의와 공화주의가 짓밟혔고 민중은 고통받았다. 영화보다 더 비극적이고 슬픈 결말이 현실에 찾아왔다.

칠레는 오랫동안 독재로 괴로움을 겪은 국가 중 한 곳이다. 1973년에 만들어진 다큐멘터리 영화 〈산티아고에 비가 내린다〉[11] Pleut Sur Santiago는 독재의 참상을 그대로 전해준다.

"산티아고에 비가 내린다"

1973년 9월 11일 아침, 칠레의 공식어인 스페인어로 일기예보가 전해지자 사람들은 몹시 당황했다. 칠레의 하늘은 맑았고 비는 내리지 않았다. 그러나 라디오에서는 몇 번이고 비 예보가 이어졌다.

그날 육군 참모총장 피노체트Augusto Pinochet는 아옌데 대통령Salvador Allende을 죽음으로 몰아넣는 쿠데타를 일으켰다. '산티아고에 비가 내린다'는 쿠데타의 시작을 알리는 암호명이었다. 피노체트에게 "망명하라"는 명령을 전달받은 살바도르 아옌데 대통령은 살아남기를 도모하지 않았다. 라디오 연설을 통해 칠레를 떠나지 않겠다고 공표하고, 철모를 쓰고 궁을 폭격하는 비행기와 맞서 싸웠다.

"저는 조국 칠레의 운명을 믿습니다. 머지않아 위대한 길이 다시 열리고 자유인들이 더 나은 사회를 건설하기 위해 걸어갈 것입니다. 칠레 만세! 인민 만세! 노동자 만세! 이것이 제 마지막 말입니다. 제 희생이 헛되지 않을 것임을 확신하고 적어도 비겁, 반역을 처벌할 도덕적 교훈이 될 것임을 확신합니다."

아옌데 대통령은 전투기가 폭탄을 떨어트린 대통령궁에 남았고, 당일 사망했다.

이후 피노체트는 17년간 군사 독재로 칠레를 통치했다. 고작 일주일 동안 칠레 국민 수천 명이 살해됐고, 수십만 명이 정치적 탄압을 피해 국외로 떠났다.

이 상황을 비통하게 지켜봤던 사람 중에는 노벨문학상을 받은 시인 네루다 Pablo Neruda 도 있었다. 1971년 '다양한 시 세계를 통해 아메리카 대륙의 운명과 꿈을 노래한 공로'로 노벨상을 받은 그는 정치인으로도 활발하게 활동했다. 공산당원이었던 그는 사회 정의와 평화를 노래했다. 칠레 국민들은 그를 사랑했고 국민 시인으로 추앙했다. 그러나 그는 아옌데를 대통령으로 당선시키기 위해 후보직에서 사퇴했고 산티아고에서 한 시간 거리인 아슬라네그라에서 말년을 보냈다. 그러던 중 쿠데타가 일어났고, 라디오에서 그 소식을 듣게 됐다.

쿠데타 소식을 들은 후 의식을 잃은 네루다는 13일 후 아옌데 대통령의 뒤를 따랐다.

"나는 복수를 하지 않을 것이다. 나의 복수가 똑같은 잔혹 행위의 다른 한 면이 될 수 있기 때문이다. 나는 그 무시무시한 연결고리를 부수어야만 한다. 내 과업은 삶이며 내 임무는 증오심을 키우는 것이 아니다."

베네수엘라로 망명해 목숨을 건진 아옌데의 조카 이사벨 아옌데Isabel Allende는 소설가로 성장해 아옌데와 칠레 쿠데타에 관한 기억을 글로 남겼다.

피노체트는 쿠테타를 일으킨 다음 해 자신을 대통령으로 선포하며 인권 탄압과 학살을 자행한다. "내가 모르고서는 나뭇잎 한 장도 움직이지 않는다"며 철권통치를 자랑하던 그는 군사 독재에 대항하는 시위대에게 총을 쏘았고, 각종 집회에 유혈 탄압으로 맞섰다. 1990년까지 칠레에서 공식 집계된 정치적 사망자는 3,197명이었으며 1,000여 명은 여전히 실종 상태에 있다고 보도되었다. 불법 감금돼 고문을 당한 이들도 수천 명에 달했다.

피노체트의 독재는 그의 말년에 끝이 났다. 그의 나이 72세인 1988년, 집권 연장을 묻는 국민 투표가 부결되고 이듬해 파트리시오 아일윈이 대통령으로 당선되었다. 그러나 퇴임 이후도 치밀하게 준비한 피노체트는 '종신 상원의원직'을 보유하며 대통령에서 물러났다. 이웃 국가인 스페인이 '스페인인 살해'를 이유로 영장을 발부한 덕분에 1998년에야 간신히 체포되었다.

2006년 산티아고의 군 병원에서 '울혈성 심부전'을 진단받은 피노체트가 사망했다. 2000년 3월 가택 연금에서 풀려난 후 인권유린 혐의로 기소됐으나 치매나 골절, 기관지염 등을 이유로 재판 출석을 회피했던 그였다. 2004년 미국 내 그의 비밀 계좌가 폭로되고 인권유린 혐의로 기소도 되었으나 마지막까지 그는 "내가 지나쳤다면 신이 용서할 것"이라며 수많은 피해자의 가슴에 소금을 뿌렸다.

안타까운 것은 피노체트 사망 후 칠레 사회에 엄청난 갈등의 씨앗이 뿌려졌다는 것이다. 놀랍게도 피노체트를 '국가의 구원자'로 칭송하는 이들도 있었기 때문이다. "제대로 된 법적 처벌이 이루어지지 않았다"며 악랄한 독재자를 규탄하는 이들은 이 놀라운 사람들과 대립을 피할 수 없게 된다.

칠레 역사를 아는 나로서도 이 일들을 생각할 때면 마음이 편치 않다. 우리나라와 겹치는 몇몇 장면들 때문이다.

젊은 날, 내가 싸운 이는 국민을 학살한 독재자였다. 그러나 누군가는 대한민국에 선한, 올곧은, 구국救國의 독재자가 있었다고 상상한다. 모순이다.

독재는 권력이 한 사람이나 소수 집단에 집중되는 것이다. 국민의 자유와 권리는 제한된다. 독재자가 선한 의지를 가졌다고 해도 권력 남용의 위험성, 인권침해 등 장기적인 폐해로 인해 선하고 올곧은, 구국의 독재란 있을 수 없다. 독재의 가장 큰 폐해는 부패다.

최근 살펴본 〈권력의 심리학〉[2022]은 독재가 왜 부패할 수밖

에 없는지 명쾌한 답을 해 준다. 저자이자 유니버시티칼리지런던
UCL 국제정치학과의 교수인 브라이언 클라스 Brian Klaas는 '독재 권
력은 부패하는 경향이 있는 것이 아니라 절대 부패한다'고 강조한
다. 권력이 왜 부패하고, 어떻게 부패하는지도 상세히 알려준다.

'왜 권력자들은 도덕적이고 선한 이들보다 그렇지 않은 이들
이 더 많을까?'

클라스 교수는 이 질문에 대해 깔끔한 답을 내린다. 아주 명
확한 이유가 있다.

무엇이든 원하는 쪽이 그렇지 않은 쪽보다 더 많이 쟁취한다.
통계적으로 그러하다. 마찬가지로 권력을 갈망하던 사람들은 그
렇지 않은 이들보다 권력을 쟁취할 확률이 더 높다. 그러나 권력
을 갈망하는 이들은 허세가 많고 공격적인 자만심을 드러내며 다
소 이기적인 면모도 보인다. 게다가 권력자는 다른 사람들에게 피
해를 끼치는 나쁜 선택을 할 확률이 더 많으며 독재의 유혹에도
쉽게 빠져든다. 근본적인 이유가 있다.

10만 년 전부터, 아니 그보다 훨씬 오래전부터 인류는 생존
을 위한 경쟁을 거쳐야 했다. 자연의 세계에서 허세와 공격적인
자만심을 드러내는 인간이 생존에 더욱 유리했다. 이미 석기시대
에 그러한 유전자가 우리 안에 박혀버렸다. 후대로 올수록 이들의
권력 지향성은 더 강해졌고, 실제로도 더 많은 권력을 갖게 됐다.
현대의 권력자들에게 그러한 면이 있다는 것은 자연스러운 진화
의 결과다. 게다가 권력은 사람을 변하게 만드는 속성이 있다. 권

력은 권력자에게 특권과 통제력을 부여하는데 이는 권력자가 자기중심적인 사고와 행동을 하도록 부추긴다. 이기적이고 위선적이며 힘을 남용하기가 더 쉬워진다.

종합해 보면 권력은 나쁘고 이기적인 사람이 차지하기 쉬우며, 그 자체로도 쉽게 부패하는 경향이 있고, 악하지 않은 사람조차 나쁜 결정을 하게 만든다.

중요한 것은 이러한 점들이 결코 면죄부가 될 수 없다는 사실이다. 또 중요한 게 있다. 일반인들은 이러한 권력의 특성을 이해하고 제재할 줄 알아야 한다. 권력의 피해를 보는 사람들은 언제나 평범한 일반인들이며, 일반인들이 권력자를 통제하지 못하면 그 피해는 상상을 초월하기 때문이다.

클라스 교수는 권력 '통제'의 중요성을 뉴욕의 주차 관리 사례로 보여준다.

1997년부터 2002년까지 뉴욕의 UN 외교관 차량의 불법 주차에 대한 딱지 발행 수는 15만 회에 달했다. 뉴욕은 교통 체증이 심해 불법 주차를 엄하게 처분했는데 주차 허용 시간을 초과하면 60달러를, 소화전 인근 주차는 115달러를 내야 할 정도였다. 그런데도 UN 외교관들은 강력한 면책 특권을 이유로 하루 평균 80회에 달하는 불법 주차를 자행한다.

이에 뉴욕 시장은 강력한 제재를 가해야겠다고 마음먹는다. 2002년부터 과태료 미납이 3회 이상 누적되면 외교관 번호판 자체를 취소하는 강경 대응에 나섰다. 그러자 몇 달 만에 외교관 차

량의 불법 주차가 줄었고 주차 딱지를 떼는 수고도 사라졌다.

적절한 통제 시스템은 악행을 막는 최선의 방법이다. 특히 권력의 독주를 막기 위해서는 처음부터 이를 용인하지 않는 시스템을 갖춰야 한다. 좋은 행동을 할 수밖에 없는 시스템이 선하고 올곧은, 구국의 지도자를 만든다.

대한민국 헌법 제1장 제1조 제1항

그렇다면 우리는 어떠한 통제 시스템을 만들어야 할까?

"대한민국은 민주공화국이다"

대한민국 헌법 제1장 제1조 제1항이다. 대한민국은 민주주의 국가이자 공화주의 국가라는 것을 천명한다.

"대한민국의 주권은 국민에게 있고, 모든 권력은 국민으로부터(국민에게서) 나온다"

제1장 제1조 제3항이다. 모든 권력이 국민에게서 나오므로, 국민은 권력의 최초 소유자이며 권력자(정치인, 행정가 등)는 국민으로부터 권력을 일임 받아 행사하게 된다는 것을 의미한다.

이상의 두 가지 조항은 대한민국의 권력을 통제하는 방법을 규정한다. 그러나 정확히 무엇을 어떻게 해야 한다는 것인지 명확하게 와 닿지 않는다. 살면서 여러 번 들은 말이기 때문에 '알 법하다'고 생각하지만 언어가 갖는 정확한 의미를 이해하자면 중고등학교 교과서라도 들춰봐야 할 것만 같다.

앞서서 지적하고 싶은 부분이 이것이다. 대한민국의 권력자를 견제하고, 제대로 된 권력자를 뽑으려면 민주주의와 공화주의에 대한 정확한 이해를 먼저 갖춰야 한다.

민주주의Democracy는 잘 알려져 있다시피 고대 아테네에서 유래했으며 개인과 자유, 평등을 주요 키워드로 한다. 모든 '인민'이 권력 독점과 위계를 거부하고 동등한 정치 권력을 행사하는 제도다. 인민은 최고 의결기구인 민회에 자유롭게 참여해 토론하며 동등한 단위로 투표에 참여했다. 20세기 보통선거의 기원도 여기서 나왔다. 민주民主 역시 백성民이 주인主인 나라를 뜻한다. 나라의 주권이 국민에게 있고, 국민이 권력을 행사하는 정치 체제라는 것을 의미한다.

강력한 상업 국가였던 아테네는 해양제국으로서 여러 식민지와 동맹국들로부터 착취한 경제력을 바탕으로 번영했다. 아테네는 소수의 지배층이 나라를 다스리는 체제를 과감히 타파하고 모든 인민(성인 남성)이 동등한 정치적 주체가 되도록 했다. 모든 공동체 구성원의 동의와 인정을 추구하며 안정적인 사회를 구현해 나갔다. 작고 배타적인 도시국가로 출발했지만 시간이 흐를수록 자유롭고 평등한 정치 활동과 상업 활동을 보장하며, 오늘날까지도 엄청난 영향력을 전하는 역사적인 나라로 거듭났다.

다만, 고대 아테네는 모든 사람을 인민으로 규정하지 않았다. 여성, 외국인, 노예는 인민이 아니었다. 20세 이상의 남성만이 선거를 통해 민주주의에 참여할 수 있었다.

공화주의Republicanism는 기원 전 500년, 로마에서 유래한 것으로 공동체, 공익, 화합 등 공적인 것을 중시하는 정치 체제다. 왕정을 폐지한 로마는 여러 집단의 이해관계를 상호 견제와 합의를 통해 조정하고 조화를 이루는 실용적인 체제를 만들었다.

우리가 사용하는 공화共和라는 단어 자체는 중국 주나라에서 유래했다. 주나라의 열 번째 왕인 려왕厲王, BC 877~841은 탐욕스럽고 잔인한 폭군이었다. 수도 지역에 거주하는 지배층 귀족과 백성들이 자신의 폭정을 비방하면서 반발하자 삼엄한 감시와 무분별하고 가혹한 처벌로 맞섰다. 결국 반란이 일어났다. 려왕은 도망쳤고, 그가 사망하고 그의 아들 선왕이 즉위할 때까지 귀족들이 정치를 주도한다. 역사가들은 이 시기를 '공화시대'라고 기록했다. 이때 사용한 '공화'의 한자는 함께 공共 화합할 화和 자다.

로마는 아테네와 달리 끝없는 원정으로 성장한 군사 국가였다. 성장 과정에서 다양한 이민족과 충돌했지만 대부분 포용하는 정책을 펼쳤다. 이해관계가 다른 집단들 사이에서 상호 견제와 합의를 통해 조화를 이루는 것은 굉장히 실용적인 선택이었다. 이러한 태도가 정치에 적극 반영됐다. 왕과 귀족, 평민으로 이뤄진 집정관, 원로원, 민회는 상호 견제하며 로마를 번영시켜 나갔다.

민주주의와 공화주의에 대한 설명을 종합해 보면 한 가지 의문이 생기곤 한다. 현재, 우리나라뿐만 아니라 대부분 국가의 정치 체제인 민주주의와 공화주의는 다른 뿌리에서 시작했다. 배치

되는 지점이 없지 않다.

'과연 민주적인 것이 공화적인 것인가, 혹은 공화적인 것이 민주적인 것인가…'

먼저 자유라는 개념에 있어 민주주의는 다수결 원칙에 따라 개인의 자유가 제한될 수 있음을 인정한다. 공화주의는 개인의 자유를 '지배받지 않은 권리'로 해석한다. 다수의 횡포로부터 소수를 보호해야 한다고 강조한다.

다음으로 시민의 역할을 보면 민주주의는 투표 참여를 통해 정치에 자신의 의사를 반영하는 것이 거의 전부다. 그러나 공화주의는 '공공선'에 대한 시민의 적극적인 관심과 참여를 강조한다.

권력에 대해서도 민주주의는 권력 분립에 의해 남용을 방지하려 하지만, 다수결 원칙을 따르기 때문에 중앙집권과 같은 권력 집중의 가능성은 남아 있다. 공화주의는 권력의 분산과 견제를 강조하며 시민의 참여와 감시로 권력 남용을 막는 일을 강조한다.

이러한 상충되는 주장으로 인해, 같은 민주공화국을 주창하는 국가라도 우선하는 가치와 구현되는 제도가 충분히 다를 수 있다.

민주주의와 공화주의 이론을 현재의 대한민국에 대입해 보면 민주주의 쪽에 힘이 더 실려 있는 것이 쉽게 확인된다. 현재 대한민국에서는 선거와 다수결의 원칙이 가장 합리적이고 이성적인 의사결정 과정으로 받아들여지고 있다. 그러나 민주주의만 강조하고 공화주의가 실현되지 못하는 사회는 여러 문제를 끌어안을 수밖에 없다.

민주주의가 강조되는 국가에서는 시민의 정치적 무관심이 커진다. 공화주의는 시민의 적극적인 정치 참여를 강조하고 공동체에 대한 헌신을 주도한다. 그러나 민주주의는 대의(투표)를 통해 권력이 중앙집권화 되는 경향이 짙다. 공동체에 대한 관심이 줄어들면, 권력자는 공공의 선보다 자신과 자신이 속한 집단의 이익을 우선하는 정책을 펴기 쉬워진다.

다음으로 권력의 분산과 견제, 청렴성이 약화된다. 권력은 권력자와 권력자 집단에게 집중된 그 자체로 부패하는 성향을 갖는다. 권력자의 부패와 권력 남용이 발생할 가능성이 커진다. 사회적 약자에 대한 배려가 줄어들면서 사회적 불평등도 심화될 수 있다. 경제적으로 정치적으로 불평등해지면 민주주의의 질도 떨어진다.

이러한 민주주의의 위험성 때문에 고대 그리스의 철학자 아리스토텔레스 Aristoteles, BC 384~BC 322는 민주정을 '선한 국가 형태'로 평가하지 않았다. 158개 그리스 도시국가의 정치 형태를 수집하고 분석한 그는 '누가 누구를 지배하는가?'에 따라 정치 형태를 여섯 종류로 구분했다.

군주정, 귀족정, 입헌정은 선한 국가 형태로 본 반면, 폭군정, 과두정, 민주정은 각각의 형태가 선하다고 하더라도 특정 집단의 이익을 위해 변질되고 타락한 것으로 꼽았다. 아리스토텔레스 역시 민주정의 이상적인 가치를 인정하면서도, 시민들의 덕성과 참여 그리고 권력의 분산과 견제가 없다면 그 이상은 결코 실현될 수 없다고 본 것이다.

공화주의는 모든 시민의 평등한 권리와 참여를 강조한다. 불평등을 해결하려는 노력도 중시한다. 민주주의는 공화주의가 뒷받침 될 때 제대로 꽃필 수 있다. 일례로 다수결을 포함한 모든 표결에 의한 의사결정은 최후의 방법이 되어야 한다. 모두가 참여하는 토론 그리고 의견의 조율이 활성화되면 굳이 표결을 거치지 않고서도 합의된 결론을 이끌어낼 수 있다. 대화와 타협이 가능한 세상이 되어야 한다. 이런 관점에서 다수결의 원리를 활용하는 투표는 차선의 선택이다. 소수의 의견이 무시되고 사회적 합의가 어려워진다면 극단의 정치로 나아갈 수밖에 없다.

물론 민주주의와 공화주의 모두 완벽한 정치 체제는 아니다. '독재의 함정'에 빠질 위험성은 늘 존재한다. 아테나와 로마에서도 독재적 민주정과 독재적 공화정이 실제로 존재했었다. 입헌군주제처럼 독재자인 왕이나 군주의 권위를 인정하는 공화정도 존재했다. 2차 세계대전 시기에는 공동체의 전체 이익과 화합을 우선한 공화정이 전체주의로 변질되는 참극이 벌어지기도 했다.

우리 헌법이 강조하는 민주주의와 공화주의는 각각의 역할이 있다. 민주주의는 정치 권력의 기원과 주체, 정당성에 대한 원리적 문제를 해결한다. 공화주의는 권력의 행사, 공동체의 의사결정 방식, 집행과 심판에 있어 권력이 어떤 방식으로 사용되어야 하는지를 알려준다.

현재는 민주주의라는 이론 때문에 기울어진 운동장이 펼쳐져 있다. 이를 바로 세우기 위해서는 공화주의적 실천법을 강화해야 한다. 국민들의 정치 참여를 늘리고, 모두가 잘 사는 방법으로 정책들을 변화시켜야 한다. 독재의 위험성은 공화주의를 강화하는 과정에서도 줄여 나갈 수 있다.

2024년 12월 3일 밤 10시 28분, 비상계엄이 선포됐다. 1980년 5월 17일 신군부 세력에 의해 확대된 전국 비상계엄 이후 44년 만에 선포된 계엄이었다. 윤석열 대통령은 대한민국 전역에 친위親衛(국가 원수의 신변 호위)를 위해 스스로 계엄을 선포하고 예비검속 등을 단행하려 했다. 계엄사령부 포고령 제1호를 통해 국회 및 정당의 정치활동을 일체 금지하고 모든 언론과 출판 통제, 전공의 및 의료인 복귀 거부 시 처단, 계엄법에 따른 영장 없는 체포, 구금, 압수수색 가능 등의 조치를 선언했다.

계엄령 발표 직후 대한민국 제1야당의 대표는 "민주당 국회의원들은 국회로 모여 달라. 국민들과 함께 이 나라를 지켜 내겠다. 윤석열은 이젠 우리의 대통령이 아니다"라며 유튜브로 실시간 방송을 시작했다. 그러나 급하게 국회를 통제한다는 소식이 전해졌고 국회의장을 비롯한 몇몇의 국회의원들은 국회로 들어가기 위해 담을 넘어야 했다.

곧이어 대통령이 속한 여당의 대표도 "비상계엄은 잘못된 행위"라는 입장을 발표했다. 그러나 108석의 국회 의석을 가진 여당의 원내대표는 의원총회를 소집하고, 장소를 여러 번 바꾸며 계엄을 배후에서 엄호했다. 어찌해야 할지 갈피를 잡지 못하던 여당 의원들은 원내대표가 대통령과 한배를 탔다는 것을 눈치채고 제 살길을 고민하기 시작했다.

12월 4일 00시 48분, 본회의가 개최되었다. 국회의장은 "대통령은 국회에 계엄을 반드시 통고해야 한다"(헌법 제77조 제4항)는 조항을 언급하며 "자신을 비롯한 국회는 계엄을 사전에도 사후에도 통고 받은 사실이 없다"고 강조했다. 사태의 책임이 분명히 대통령에게 있음을 명시한 것이다. 동시에 불법적 계엄의 해제 결의안을 상정했다. 01시 01분 재석의원 190명의 전원 찬성으로 국회에서 계엄 해제 요구 결의안이 통과되었다. 국회의장은 "계엄령 선포는 무효화 됐다"고 밝혔다. 그러나 계엄 해제를 요구한 결의안이 통과되던 본회의장에 있던 여당 의원의 수는 고작 열여덟 명이었다. 당 지도부의 지침에 따라 나머지 여당 의원들은 본회의장에 들어서지조차 않았다.

12월 4일 01시 08분 국회의장은 계엄 해제 요구 결의안의 가결을 강조하며 "국회 경내 군경은 당장 국회 밖으로 나가주시기를 바란다"고 발표했다. 11분부터 국회 앞 계엄군이 본청에서 빠져나가며 철수를 시작했다. 그로부터 세 시간여 뒤인 04시 27분, 윤석열 대통령은 계엄을 해제하겠다며 대국민 담화를 발표했다. 약 여섯 시간 만에 계엄 상황은 종료됐다.

그러나 종료는 또 다른 시작이었다. 국민들은 2025년 대한민국에서 친위 쿠데타를 일으킨 대통령의 몰상식에 경악했고 책임을 물어야 한다고 목소리를 높였다.

2024년 12월 14일, 비상계엄을 선포한 지 11일 만에 윤석열 대통령에 대한 탄핵소추안이 국회 본회의에서 가결됐다. 그보다 앞선 첫 번째 탄핵소추안 표결이 정족수 부족으로 무산된 지 7일 만이었다. 12월 7일에 이루어진 표결에서 여당은 '탄핵 반대'를 당론으로 정하고 표결에 집단으로 불참했다. 재적의원 300명 중 195명만이 참석해 투표는 성립되지 않았고 탄핵소추안은 자동 폐기됐다. 12일 야당은 두 번째 탄핵소추안을 발의했고, 악화된 국민 여론을 의식한 여당 의원들 사이에서 '표결 참여, 탄핵 찬성' 의사를 밝힌 사람들이 나타났다. 여당 원내대표는 당론을 내지 않았다. 그 결과 재석 300명 중 찬성 204표, 반대 85표, 기권은 세 표에 무효 여덟 표로 탄핵소추안이 가결됐다.

2025년 4월 4일 11시 22분, 윤석열 대통령에 대한 탄핵이 선고됐다. 헌법재판소는 위헌·위법한 비상계엄 선포 및 국헌 문란의 내란 범죄 행위, 국군 통수권 남용 및 정치적 중립성 위반, 국민 통합 의무 위반, 신임 배반 등을 이유로 윤석열 대통령에 대한 탄핵을 인용했다.

내 생애 다섯 번의 계엄령을 겪었다. 1972년 1월 유신, 1979년 부마민주항쟁, 1979년 10·26사태, 1980년 광주 그리고 2024년 12월 3일이다. 이들 중 내게 좋은 계엄령은 하나도 없었다. 그나마 12·3 쿠데타가 남긴 최대의 '좋은 점'은 실패한 쿠데타라는 점이다.

그럼에도 12·3 계엄은 막대한 경제적 손실도 불러왔다. 계엄령 선포 후 증시는 급락해 시가총액 79조 원 이상이 증발했다. 2024년 12월 3일 1달러당 1,402원이던 환율은 2025년 3월 30일 1,499원까지 상승했다. 한국은행은 계엄령으로 2024년 4분기와 2025년 실질 국내총생산이 6조 3,000억 원 감소했다고 발표했다. 내수 경기 침체, 투자 심리 위축은 온 국민의 삶을 고통 속에 몰아넣고 있다.

정치적인 악영향도 만만치 않다. 계엄 선포로부터 탄핵까지 넉 달은 대한민국이 둘로 쪼개지는 극단적 분열과 반목의 시간이었다. '정치의 IMF'가 따로 없었다. 이전의 참극을 반복하지 않기 위해 국가를 재설계해야 한다는 것도 IMF 때와 유사하다.

12·3계엄은 단순한 정치적 사건이 아니라 대통령에 의해 국가의 근간이 흔들릴 수 있다는 것을 확인한 심각한 위기 상황이었다. 우리는 이제 민주주의가 만든 권력 집중의 위험성을 방조해서는 안 된다. 정치적 불확실성을 해소하기 위해 대통령의 권한 남용을 방지하고, 헌법을 재정비하는 등 정치 시스템 전반에 대한 개혁을 논의할 때다.

한강 작가가 노벨문학상을 탄다는 소식을 들었을 때, 우리나라의 위상이 높아진 것이 기쁘면서도 전 세계 사람들로부터 관심을 받게 된 것이 우리의 쓰리고 아픈 과거라는 것에 비감했다. 그러나 고작 몇 개월 만에 대통령의 계엄령으로 또 한 번 쓰라린 시기를 맞게 됐다. 그리고 탄핵안을 두고 갈라진 국민들을 보며, 직업 정치인으로서 무한한 책임감을 느꼈다. 그러나 결과적으로 대한민국 국민은 위대한 선택을 해냈고 민주주의를 수호했다.

    국가란 공동의 선을 추구하고 자유를 실현하는 정치 공동체이다. 국민들에게 자유와 평등은 물론 공정하고 안정적인 사회 질서를 제공해야 한다. 이를 위해서 국가는 권력 분산과 견제 시스템이 원활히 작동해야 한다. 이 상식이 통하는 대한민국을 지키기 위해, 몸도 마음도 바쁜 계절이 돌아왔다.

〈서울의 봄〉 〈소년이 온다〉

9장

무엇을 역사로 기억해야 하는가

〈미스터 션샤인〉
〈암살〉

엇갈린 운명

조선시대 노비는 재산이었다. 사고팔 수 있었고 상속도 가능했다. 노비는 양인과 혼인할 수 없었고 자식 또한 노비의 신분으로 살아야 했다. 주인의 허락 없이 거주지를 옮길 수 없었고 경제활동도 자유롭지 못했다. 인간적 대우를 기대할 수 없는 사회 최하층이었다.

〈미스터 션샤인〉2018의 유진 초이는 폭력과 멸시, 극심한 빈곤과 질병을 앓아야 했던 노비의 자식이었다. 우물에 몸을 던진 어미와 매 맞아 죽어가던 아비를 두고 죄인처럼 조선을 도망쳐야 했다. 추노꾼을 피해 미군 군함에 올라탔던 그가 미국의 군인 신분으로 다시 조선을 찾았다.

때는 1900년대 초, 유진 초이가 미국으로 떠난 해인 신미양요[1871] 무렵으로부터 십여 년이 지난 시기다. 당시 조선은 정치적, 사회적, 경제적으로 매우 혼란스러웠다. 일본, 러시아, 청나라 등 열강들의 이권 다툼이 심해졌고 고종을 비롯한 조선의 조정은 외세의 침탈에 제대로 대응하지 못했다. 그럼에도 의병 운동은 전국적으로 일어났다. 열악한 무기와 조직력으로 성공을 담보할 수 없는 싸움이었다.

의병 활동을 하는 고애신을 지키기 위해 유진은 목숨을 내놓는다. 그러나 그것은 단순히 사랑하는 여자를 위한 헌신이 아니다. 유진은 조선이라는 모국은 자기에게 해준 게 없을 뿐만 아니라 자신을 지켜주지 못했다고, 조선이 망하길 바랐다고 읊조린다. 그는 조선을 원망했다. 그러나 애신은 그 조선을 사랑했고 조선을 지키고자 목숨을 걸었다. 유진은 식민지로 전락해 가는 조선을 구하고자 하는 애신의 선택을 존중했고 결국 그녀의 길이 옳은 길이라는 걸 받아들인다.

2018년 7월 〈미스터 션샤인〉의 첫 방영이 시작되고, 미군 대위 유진 초이가 조선으로 떠나는 장면을 볼 때부터 우리는 알고 있었다. '끝은 어쩔 수 없이 비극이다'

애신과 유진이 지키고자 했던 조선은 결국 식민지가 됐고 의병들은 외세의 총칼에 쓰러졌다. 독립운동가들은 마지막까지 대한의 독립을 위해 싸우다가 '도둑처럼 찾아온' 독립을 맞았다. 하지만 이는 36년이나 뒤의 일이었다. 그러니 누구의 히스토리도 러브스토리도 해피엔딩일 수가 없었다. 예상대로 여름의 열기가 남아 있던 9월, 마지막 방송을 보던 우리는 눈시울을 붉혔고 개인의 비극, 역사의 비극 모두에 비통해했다.

역사에는 가정이 없다지만, 만약 우리 역사의 몇 장면에서 다른 선택이 이루어졌다면 현재 우리는 어떻게 살고 있을까? 원로 역사학자 강만길 전 상지대 총장에게 같은 질문을 던진 적이 있다. 그는 "임진왜란 뒤에 의병장이 왕이 되고 실학파가 집권했다면 나라의 운명이 달라졌을 것"이라 했다. 이를 우리 역사의 가장 안타까운 대목으로 꼽았다. 서구는 산업혁명으로 일어서고, 일본은 메이지유신으로 개화할 때 우리는 내부 갈등으로 모든 역량을 소진해 일제의 식민지가 됐다는 분석이다.

지리적으로 가깝고 실제 교류도 많다는 이유로 오래전부터 일본인 정치인들과 교류해 왔다. 역사의 현장은 되도록 가서 느껴보자는 생각으로 우리나라로 치면 경주와 비슷한 교토를 찾았다.

히가시야마구에는 도요쿠니 신사豊国神社가 있다. 한자를 그대로 풀이하면 '풍요로운 나라의 신을 모시는 신사'라는 뜻이다. 이 신사는 임진왜란을 일으켜 조선을 도륙한 도요토미 히데요시를 기리는 곳이다.

그 맞은편 도보 거리에 '조선인의 코무덤'이 있었다. 현지에서는 코무덤이 아닌 귀무덤, 이총耳塚, みみづか으로 알려져 있는데, "코무덤은 너무 야만스럽다"는 에도시대 유학자의 비판 때문에 귀무덤으로 개명해 불리고 있다고 한다. 그러나 엄밀히는 코무덤

이 맞다. "귀는 인원을 부풀릴 수 있으니 코를 잘라 오라"는 가혹한 명령에 의해 잘린 코가 쌓여서 만들어진 무덤이었기 때문이다. 2020년에는 뜻있는 일본인들이 모여 위령제를 열기도 했다.

코무덤의 유래는 임진왜란으로 거슬러 올라간다. 코무덤 앞에 자리를 잡은 일본의 장수 도요토미 히데요시는 조선군의 전공을 증명하기 위해 조선인의 코를 베어오도록 명령했다. 그러나 전공에 눈이 먼 일본군은 군인뿐만 아니라 일반 백성들의 코까지 베어갔다. 소금에 절여 일본에 보내진 조선인의 코가 여러 곳에 나뉘어 묻혔는데 그중 한 곳이 히가시야마구에 있는 코무덤이다. 기록에 의하면 약 12만 6,000명의 조선인 코와 귀가 그곳에 묻혔다고 한다.

상황이 이러한 때에 조선의 왕은 무엇을 했는가? 임진왜란이 벌어질 기미가 보이자 선조는 명나라에 지원을 요청하고 의병을 장려했다. 류성룡 1542~1607, 이순신 1545~1598 등도 기용했다. 그러나 전쟁이 발발하자 야반도주를 감행한다. 한양에 남아 싸우겠다고 본인 입으로 공표한 날, 바로 그날 밤이었다. 선조의 우유부단한 모습에 백성들을 실망했고 분노했다.

피난을 떠난 선조가 짐을 푼 곳은 평안북도 의주였다. 청의 바로 코앞이다. 그는 왜 그곳에 머물렀을까? 명이 망명을 허락하지 않았기 때문이다. 명은 일본의 북진을 막아줄 조선이 필요했다. 그런데 조선의 왕이 조선을 버리고 온다니 이를 순순히 허락할 수 없었다. 명으로 들어갈 수 없었던 선조는 의주에서 길이 막했고, 전쟁이 벌어진 아래쪽에는 가련한 백성들만 남아 있었다.

바람 앞의 등불 같던 조선의 운명이 이순신의 손에 달리게 된다. 다행히 그는 일본도 인정하는 명장이었다. 한산도대첩에서 이순신에게 패한 와지자카 야스하루는 "나는 성급했고 적장은 침착했다. 나의 전술은 단순했지만 그의 전술은 치밀했다. 나는 적장 앞에 꼼짝할 수가 없었다"고 기록했다. 이순신의 용맹함과 공정함은 조선과 왜, 두 나라는 물론 훗날 세계에서도 인정한다.

그러나 당시 이순신을 향한 선조의 태도는 견제와 불신이었다. 당파 싸움이 극에 달하자 선조는 이순신이 왕권에 위협이 된다고 판단했다. 선조는 이순신을 견제하기 위해 원균을 중용했고, 이중 간첩으로부터 적이 해상에 있다는 첩보를 받은 후 이순신에게 즉시 출전을 명령한다. 이중 간첩의 첩보를 신뢰하지 못한 이순신은 신중론을 펼쳤고, 이에 화가 난 선조는 명령 불복종을 이유로 이순신을 파직한다.

원균이 칠천량 해전에서 참패해 갖고 있던 배를 모두 잃은 후에야, 이순신에게 백의종군白衣從軍을 명령하고 군에 복귀시켰다. 옥에 갇힌 자식을 염려하던 이순신의 어머니는 그를 보지 못하고 돌아가셨고, 상을 치른 직후의 이순신은 굴욕을 참아내며 전장으로 복귀한다. 영웅 이순신은 명량해전과 노량해전을 연이어 승리시키며 지난한 전쟁의 막을 내린다.

만일 임진왜란 이후 의병장이 왕이 되고 실학파가 집권했다면 조선의 운명은 어떻게 됐을까? AI에게 물어보니 민본 정치 실

〈미스터 션샤인〉〈암살〉

현, 과거제도 개혁, 신분제 완화, 민생 안정, 서양 문물 수용, 근대적인 군사 시스템 도입 등 긍정적인 결과를 잔뜩 들려준다. 단정할 수는 없지만, 최소한 임진왜란 이후 혼란을 극복하고 새로운 발전을 이룩했을 가능성이 높았을 것이라고 한다.

그러나 임진왜란의 결과는 우리가 알고 있는 그대로다. 이순신은 전장에서 전사했고, 부덕한 아버지를 대신해 민심을 돌보고 나라를 살폈던 광해군은 훗날 고매한 양반들에 의해 쫓겨난다. 약 300년 뒤 조선은 망하고, 일본군은 한반도를 점령하게 된다.

2018년 국회 외교통일위원회 소속 의원으로 워싱턴 DC 로건서클에 있는 '주미대한제국 공사관THE OLD KOREAN LEGATION'을 방문한 적이 있다. 주미대한제국 공사관이 존재한다는 사실 자체가 신선한 충격이었다.

3층짜리 주미대한제국 공사관 건물은 조선이 처음으로 해외에 설립한 공사관이다. 1889년 2월 개관했는데, 1888년 처음으로 미국에 외교관을 파견한 고종이 이듬해 큰돈을 들여 공사관 건물을 매입했다고 한다. 그만큼 미국과의 외교에 공을 들였던 것이다. 그러나 주미대한제국 공사관은 오랫동안 사용되지 못했다. 1910년 8월 국권을 앗아간 일제는 이 건물을 단돈 5달러에 팔아버렸다. 독립이 된 후에도 건물을 찾아오지는 못했다. 2000년대 들어서 뜻이 있는 사람들이 나서기 시작했고 2012년 대한민국의 국가유산청과 문화유산국민신탁이 재매입에 성공한다. 19세기 후반의 모습으로 안팎을 손본 후에 일반인에게 공개하게 됐다고 한다.

　주미대한제국 공사관이 있는 로건 지구는 미국국립공원관리청에 의해 '역사 지구'로 지정된 곳이다. 주변을 둘러보면 '19세기 분위기'가 물씬 풍긴다. 관람객들은 오래전 모습들을 확인하는 것뿐만 아니라 약간의 낭만도 느껴볼 수 있다. 특히 주미대한제국 공사관은 외관과 내부 모두 19세기 말의 모습 그대로여서 미국 시대극에 나와도 손색없을 정도다.

　다만 건물 입구에 각인된 태극 문양과 객실에 놓은 흑백 사진들은 그곳이 미국이 아니라 조선의 공간이었음을 말해준다. 특히 객실 테이블에 놓인 한복 입은 공관들의 흑백 사진은 이질감을 더한다. 한복 두루마기에 갓을 쓰고 미국에 도착한 초대 외교관들도 그만큼 불편한 생활을 하지 않았을까 짐작해 본다.

　흑백 사진의 인물을 유심히 볼 겨를이 없어 워싱턴 DC에서 돌아온 후 주미대한제국 공사관의 온라인 사이트를 들어가 보았다. 현장에서 봤던 것과 비슷한 공사관들의 사진이 게시돼 있고 설명도 붙어 있었다. 자세히 보니 한국이민사박물관이 소장하고 있는 초대 주미공사들의 사진이었다. 사진 하단에는 '1887년 미국 워싱턴 DC에서 활동 당시 박정양 공사 일행'이라는 설명도 붙어 있다. 사모紗帽를 쓴 공직자는 다섯 명이건만 초대 주미전권공사에 박정양의 이름만 언급한 것이 의아했다.

　금세 이유를 알 수 있었다. 박정양을 둘러싼 네 명의 외교관은 주미참찬관 이완용과 현흥택, 주미서기관 김규홍과 이채연이다. 주미공사가 전체를 책임지고, 참찬관으로 외교 업무를 보좌하며, 서기관이 실무를 처리하는 식으로 역할이 나뉘었다.

직급이야 어떻든 그들은 모두 조선 최고의 엘리트들이었다. 고종의 총애를 받은 이들이었던 만큼, 첫 통상국과 원만히 외교를 진행하라는 특명을 안고 미국으로 향했을 것이다. 그러나 그들 중에는 우리에게 너무도 익숙한, 훗날 일제에 조선을 갖다 바친 매국노 이완용도 포함돼 있었다. 사모관대를 잘 차려입고 앉은 외교관 중에 이완용이 있었다는 것을 굳이 언급하고 싶지 않은 공사관의 입장도 이해는 간다.

1888년 미국을 찾은 초대 외교관들은 어떠한 활동을 펼쳤을까? 만국박람회 초대도 받고 미국 대통령의 딸의 생일 파티에 초대도 받았다. 그러나 조선을 알리고 우호 관계를 쌓아가던 박정양 공사는 청의 간섭으로 10개월 만에 조선으로 돌아와야 했다.

예견된 상황이었다. 미국에 외교관을 파견할 당시부터 청의 공사 위안스카이(원세개)는 "조선은 약소국에 경제적으로 빈한하고, 미국과 교류도 활발하지 않으니 전권공사를 파견할 수 없다"며 외교관 파견을 반대했다. 간신히 영약삼단另約三端(별도로 세 가지 조건을 약속한다는 의미)을 달아 외교관 파견을 허락했다. 청이 내건 세 가지 조건은 미국에 도착하면 청나라에 보고하고, 각종 공식적 자리에 청나라 공사의 뒤를 따르며, 외교 교섭 시 반드시 청나라 공사의 지시를 따르는 것이었다. 박정양 공사는 영약삼단을 지키지 않았고, 이를 빌미로 1년을 채우지 못하고 본국으로 소환을 당하고 만다.

이후 1905년 을사늑약으로 외교권 강탈이 있기까지, 박정양과 이완용은 완전히 다른 길을 걷게 된다.

외교관 박정양은 자주 외교를 위해 노력했지만, 열강의 압박 속에서 한계를 느꼈다. 때문에 조선에 돌아오고부터는 독립협회에 더욱 적극적으로 참여했다. 설립 이전부터 개화파 관료로 활동했던 그는 아관파천1896.2~1897.2 이후 독립협회와 함께 의회 설립을 추진하고 만민공동회에도 참여했다. 그러나 개혁은 보수 세력의 반발로 뜻을 이루지 못했다. 박정양은 관직에서 물러나 은거하다 을사늑약이 있던 그해 말에 세상을 떠났다.

미국에서 선진 문물과 제국의 힘을 목격한 이완용은 외교관 시절부터 친미, 친러 정책을 적극 옹호했다. 그러다 1904년 러일전쟁에서 일본이 승리하는 것을 보고, 일본의 위세를 실감한 후에는 본격적으로 친일 행보를 걷기 시작했다. 1905년 학부대신(교육·행정을 담당하던 관직, 근대적 교육 시스템을 구축했음)으로 을사늑약의 체결에 적극 찬성하며 친일파로서의 입지를 확실히 굳힌 그는 1910년 병합 조약 시에도 내각총리대신으로 체결을 주도했다. 국권을 일본에 넘긴 더러운 공로를 인정받은 그는 일제로부터 후작 작위도 받는다. 이후 조선총독부 중추원 고문 등 요직을 거친 그는 67세로 사망할 때까지 호위호식을 누렸다.

박정양과 이완용은 자신의 인생은 물론 국가의 존망에 대해서도 다른 선택을 했다. 그리고 그들의 선택은 격변기 조선에 막

대한 영향을 미쳤다. 같은 시대 같은 문물을 보고 온 두 인물의 삶이 어찌 이리도 달랐을까? 무엇이 이 둘의 길을 갈라놓았을까?

선생님은 나라를 사랑하지 않으시나 보죠?

2015년 1,270만 명이 본 〈암살〉은 일제 치하에서 살아가는 다양한 인물들을 보여준다.

경술국치1910 후 조선총독부에서 관할하고 있는 금광 개발권을 확보하고픈 강인국은 데라우치 총독을 알현하러 간다. 그리고 그곳에서 데라우치 총독을 죽이려는 젊은 독립운동가 염석진을 마주하게 된다. 성공에 눈이 먼 강인국은 온몸을 바쳐 데라우치 총독을 구해내고, 염석진의 데라우치 총독 암살 시도는 실패로 돌아간다. 체포된 염석진은 온갖 고문에 몸도 마음도 약해진다. 목숨을 부지하기 위해 변절까지 선택한다. 밀정이 된 염석진이 하는 일은 또 다른 독립운동가들이 일본인을 암살하는 것을 막아내는 일이다. 스포일러를 보태자면 극의 결말, 염석진의 노력은 실패로 돌아간다. 그러나 등장한 독립운동가 대부분은 목숨을 잃어야 했다. 우리의 아픈 과거사가 그대로 담겨 있다.

> "둘을 죽인다고 독립이 되냐고? 모르지. 그치만 알려 줘야지. 우린 계속 싸우고 있다고."

암살 팀의 대장 역할을 맡은 안옥윤에게 "조선국 사령관과 강인국을 죽인다고 독립이 되나?"라고 묻자 그녀가 대답했다.

한일합방 이후 독립운동의 열기가 가장 뜨거웠던 때는 1919년 3·1운동 당시였다. 남녀노소, 계층, 종교를 초월해 전국에서 수많은 사람들이 비폭력 평화 시위에 참여했다. 이로써 독립운동의 분수령이 만들어졌다. 대한민국 임시정부가 세워지고 만주, 연해주, 미주 등 해외 동포들 사이에서도 독립을 지지하는 움직임들이 일어났다.

그러나 영화 〈암살〉의 배경은 1933년으로 3·1운동으로부터 14년의 시간이 흐른 때다.

그에 앞선 1931년에 만주사변이 일어났다. 일본군은 만주 지역을 점령하고 괴뢰국인 만주국을 세웠다. 이듬해인 1932년에는 상해사변이 일어났다. 일본의 해군이 상하이 중국인 거주 지역을 공격하며 무력 충돌이 본격화됐다. 두 번의 사변으로 인근에 거주하던 한인 사회는 큰 위험에 노출됐다. 일제는 독립운동가들에 대한 감시와 탄압도 강화했다. 피신하거나 체포되는 독립운동가들이 늘어나면서 독립운동도 일대의 위기를 맞게 된다.

그런데 1932년 3월 29일, 조선의 독립운동가가 일본군의 전승 기념행사에 폭탄을 투척하는 의거가 벌어졌다. 상하이 훙커우 공원에서 윤봉길 의사는 의거에 성공한다. 중국 국민당 정부의 장제스 총통은 "중국의 백만 대군도 못한 일을 조선의 한 청년이 해냈다"고 감탄한다. 이로써 조선의 항일 의지가 다시 한 번 세상의 관심을 받게 됐다. 일을 도모한 임시정부는 존재감과 함께 찬란한 가치를 드러냈고, 운동 세력들을 규합할 수 있게 된다.

이러한 분위기는 1933년에도 이어졌다. 대한 독립에 대한 의지가 커질수록, 일제의 전시 체제 유지 책략은 강화됐다. 치안유지법 악용, 사상 통제, 비밀결사 색출, 만주 독립군 탄압 등을 모두 강화한 것이다. 그 시점에서 안옥윤은 '독립운동의 존재'를 알려야 했다. 그녀는 간신히 살아난 독립의 불씨를 꺼트리지 않기 위해 목숨을 걸었다.

"왜 동지들을 팔았나?"

광복이 된 후에 안옥윤은 밀정 염석진을 찾아온다. 그리고 처단을 직전에 두고 그에게 묻는다.

"몰랐으니까. 해방이 될지 몰랐으니까! 알면 그랬겠나?"

목숨을 구걸하는 염석진은 대답한다. 그의 말에는 간절함이 담겨 있다.

일견 염석진의 말은 틀린 게 아닌 것처럼 들린다. 광복이 언제 될지 알았더라면, 아니 최소한 광복이 될 줄만 알았더라면 변절자는 생기지 않았을지도 모른다. 일찌감치 일본의 권력에 빌붙은 강인국도, 암울한 미래에 좌절하며 동지를 팔아넘긴 염석진도 다른 선택을 했을지 모른다.

그러나 다시 생각해 보자. 당시 한반도에는 변절자, 매국노, 밀정만 있었던 것은 아니다. 안옥윤 같은 이들도 한 공간을 살아내고 있었다. 목숨을 걸고 조국을 지키는 선택을 한 이들이 있었다. 때문에 염석진의 말은 충분한 대답이 되지 않는다.

참고로 1만 8,258명이다. 2025년 3월 대한민국 정부로부터 '독립유공자'로 인정받은 이들이 이만큼이나 많다.

역사에 대한 다양한 시각과 정의가 있다. 나는 역사란 민중이 제기한 시대정신에 대한 답을 만드는 과정이라고 생각한다.

시대정신이란 '그 시대를 살아가는 사람들의 마음속에 공통적으로 흐르는 생각이나 느낌'이다. 공동이 생각하고 원하는 것을 이야기한다. 따라서 시대정신은 사회 변화의 방향을 제시하고 역사 발전의 동력이 되며 개인에게 있어서도 가치관과 정체성을 형성시키는 근간이 된다. 엄밀히 보자면 시대정신에 대한 제대로 된 답을 얻지 못하는 경우도 종종 있다. 그러나 인류가 올바른 답을 찾고자 하는 노력을 게을리 한 적은 없다.

우리나라 개화기의 시대정신은 근대화에 대한 열망이었다. 당시 우리나라에는 독립협회를 포함해 다수의 개화파 인재가 있었다. 일제강점기의 시대정신은 민족주의와 독립이었다. 무수한 독립운동가들이 일제의 잔인한 총칼 앞에 쓰러졌다. 민주화시기의 시대정신은 민주주의였다. 1987년 개헌이 있기까지 얼마나 많은 이들이 "유신 철폐, 민주주의 수호"를 외쳤던가! 비교적 최근인 정보화시대의 시대정신은 기술 발전이다. 이를 수용한 대통령은 IT 강국을 만들기 위해 투자를 지원하고 정책으로 이끌었다.

그렇다면 근래의 시대정신은 무엇인가? 2022년 대선에서는 단연 '공정과 상식'이었다. 2025년 대선에서는 경제 회복과 재생,

〈미스터 션샤인〉 〈암살〉

민생 안정, 사회 통합과 갈등 해소가 논의되었다. SNS가 급속도로 발달하고 확산되면서 개인주의(개인의 자유와 권리 강조)도 중시되고 있다. 국가와 민족보다 개인의 삶이 우선되고, 개인의 안위와 행복이 무엇보다 중요해지는 시대가 되었다. 이러한 변화는 옳다, 그르다고 판단할 수 있는 것이 아니다. 시대정신은 늘 변화하고 그 요구에 맞춰 세상도 변해가는 것이 순리다.

내게도 이전 세대와 내 세대의 시대정신이 다르다는 것을 깨달은 경험이 있었다. 막 청와대에서 일을 시작할 때, 30대 초반의 일이다.

당시 1950년대생 관료와 경제인들이 많았다. 그들은 중장년층으로서 사회의 주역으로 활동하고 있었다. 나는 가깝게 사귄 50년대생 선배들로부터 살아온 이야기들을 듣기도 했다.

솔직히 나는 10여 년 밖에 차이가 나지 않는 그들과 비슷한 세대라는 생각을 하지 않았다. 정체성을 형성하는 10대 시절의 경험이 극명하게 달랐다. 50년대생은 6·25의 영향을 크게 받은 세대였다. 한국전쟁의 참혹한 상처로 이산과 빈곤, 사회적 혼란을 경험했다. 미국의 원조에 의해 경제가 재건되던 시대에 대한 기억도 깊게 박혀 있다. 그리고 높은 교육열과 강인한 생활력, 절약정신을 갖고 있었다. 그에 비해 나는 경제성장 시대에 10대를 보냈고 유신 체제를 깊이 기억했다. 급격한 도시화와 산업화로 매일매일이 달라지는 변화를 피부로 느끼기도 했다. 국가보다는 나를 둘러싼 사회가 내가 사는 세상의 전부였다.

'애국심'이라는 단어에 대한 감흥도 달랐다. 지금은 애국심이라는 말을 언제 들었는지 기억나지도 않는다. '나라 사랑'을 입에 담는 사람을 보기가 어렵다. '국뽕'이라며 조소하지만 않으면 다행이다. 솔직히는 지금, 애국심의 '애愛' 자만 꺼내도 꼰대 소리를 들을 것만 같다.

그러나 20여 년 전 내가 만난 1950년대생들은 애국심이라는 말에 마음을 빼앗겼다. 외국에서 오래 공부하다 국내 기업에 스카우트됐던 한 경제인은 애국심 때문에 짐을 싸 한국으로 돌아왔다는 이야기도 해줬다. 유수의 미국 기업에서도 눈독을 들이고 있던 그에게 국내 기업이 제공할 수 있는 조건은 그다지 좋은 것이 아니었다. 기업의 스카우트를 담당하던 이가 마지막에 꺼낸 카드가 '애국심'이었다.

"선생님은 나라를 사랑하지 않으시나 보죠?" 그 한마디에 매여 그는 외국 생활을 정리하고 한국에 들어왔다. 그리고 수십 년이 지난 후인 지금까지도 애국심이라는 말을 들었을 때를 생생히 기억하고 있었다.

노무현 대통령 시절 정보통신부 장관으로 임명된 진대제 대표도 비슷한 이야기를 했었다. "엄마, 일본을 꼭 한번 이겨보고 싶어요. 그게 제 꿈이에요." 그 마음으로 평생 수재 소리를 듣던 그는 의사나 판검사가 아니라 반도체 공부에 매달렸다. 해외 유학 생활을 마치고 국내에 들어와 본인의 꿈대로 젊은 날을 보냈다.

1952년생인 두 분의 공통된 시대정신은 기술 발전과 '극일克

日'이었다. 나의 시대정신은 '민주화'였고 '5·18 광주'였다. 우리 아이들의 시대정신 또한 나와는 다를 것이다.

미래를 향한 달리기

"역사는 되풀이된다. 첫 번째는 비극으로, 두 번째는 희극으로."

카를 마르크스를 좋아하지 않지만 그의 말에 공감하는 바가 적지 않다. 두 번째의 희극은, 같은 실수를 반복하는 인간에 대한 조소가 아닐까 생각한다. 후대들은 되풀이 되는 역사를 제대로 살아낼 준비를 해야만 한다.

임진왜란이나 일제강점기에서 확인했듯 시대정신에 대한 인식과 이해는 사회뿐만 아니라 개인에게도 커다란 영향을 미친다. 흔히 역사의 목적을 '과거를 반성하고 현재를 성찰하며 미래의 비전을 찾아가는 것'이라고 한다. 개개인 역시 올바른 방향을 찾아갈 준비를 해야 한다.

수백 년 전의 역사는 우리의 몫이다. 그러나 근현대사의 피해는 우리들만의 문제가 아니다. 우리 중에는 강제 징용, 위안부, 역사 교과서 왜곡, 재일 한국인 차별, 독도 문제 등으로 고통 받는 사람들이 있고, 이들과 함께 문제를 해결하고자 하는 조직도 있다.

그런데 시야를 좀 넓혀 보니, 21세기 대한민국이 끌어안고 있는 역사적 문제는 비단 한일 갈등만 있는 것이 아니다.

중국은 동북공정을 통해 우리의 역사를 자신들의 것으로 편입하려는 시도를 지속하고 있다. 이전부터 고구려, 발해 등 고대 국가의 역사 귀속 문제로 갈등을 겪어 왔다. 문화재 반환이나 서해 어업 문제도 갈등의 소재로 남아 있다. 러시아와는 구소련 때의 과거사가 남아 있다. 소련은 한국전쟁 때 북한을 지원하며 영향을 미쳤다. 스탈린은 러시아에 거주하던 고려인들을 중앙아시아로 강제 이주시켰고, 1983년 대한항공(KAL) 007편 격추 사건도 소련 전투기에 의한 것으로 우리에게 큰 충격을 주었다.

많은 국민이 영원한 우방으로 생각하는 미국과도 주한미군 주둔으로 벌어진 여러 문제로 인한 갈등이 있었다. 주한미군 주둔뿐만 아니라 미군들이 벌인 사건사고에 대해 SOFA(주한미군지위협정) 개정을 통해 꾸준히 해결의 실마리를 찾고자 했다.

과거 그리고 현재의 갈등 관계를 어떻게 해결해야 할까? 현재의 정치인들은 이들 문제에 얼마나 노력을 기울여 왔는가? 생각할수록 답답함이 차오른다. '역사적 사실을 규명하는 것을 넘어 미래 지향적인 협력 관계를 구축한다'는 듣기 좋은 말의 현실적 대안은 무엇일까? 과연 답을 아는 이가 있기는 할까, 회의감이 크다.

일본의 정치인 중에는 특별히 내게 친절한 원로가 있다. 10선을 했고 색깔도 보수다. 그런데 내가 여야 국회의원들을 데리고 일본을 방문할 때마다 우리 모두를 따뜻하게 맞아주었다.

하루는 그에게 왜 그러한 대접을 해주는지 물었다.

"요즘 정치인은 다 직업 정치인인데 당신은 꿈이 있소. 당신은 내 아들뻘 나이이기도 하고, 무엇보다도 꿈이 있기에 도와주고 싶소."

지금까지 그 꿈에 얼마큼 다가갔는가? 때때로 나는 반성한다.

정치를 하면서 나는 '일가를 이루는 것'에 성공하지 못했다. 아마 장사를 하거나 사업을 했다면 더 낫지 않았을까 싶다. 그나마 조직에서 일을 벌일 때는 송구함이 덜하다.

여시재에서는 사람을 키우는 일에 집중했다. 이전의 인맥을 활용해 여시재와 정치권을 연결하고 정책 제안도 충실히 했다. 젊은 인재들에게 폭넓은 지식과 경험을 제공하는 것도 한 목표였다. 저명인사들을 이사진과 연구진으로 참여시켜 지식과 경험을 제공하는 플랫폼이 되도록 했다.

글을 게시할 수 있는 공간을 만들고 전문가들의 참여도 독려했다. 남중수 전 KT 사장이 보내온 '징비록 현장에서 한일 관계를 돌아보다'는 글이 기억에 남는다. 〈징비록〉1592~1598은 선조 시대의 재상 류성룡이 임진왜란 당시의 경험을 담은 수기이다. 국보 132호로 지정됐으며, 민족의 시련을 이해하고 역사 속 교훈을 제공하는 자료로 소개되고 있다.

남중수 사장은 "과거와 현재가 싸워 미래를 망가뜨려선 안 된다"는 처칠Winston Churchill, 1874~1965의 말을 인용하며 급변하는 국제 환경 속에서 한일 갈등의 물꼬를 터야 한다고 주장했다. 특히 미·중·일 간의 역학관계를 이해하고 일본과 전략적 관계를 이어가야 한다는 내용이 담겨 있었다.

나는 역사 발전을 위해 두 가지 방법을 제안한다.

첫째는 진실을 찾고 알리는 노력을 계속하는 것이다. 2024년 8월, 독일에서는 전前 강제 수용소 직원에 대한 유죄 판결을 내렸다. 그의 나이 99세였다. 물론 한반도에서 역사의 진실을 찾자는 것은 역사의 반역자들을 단죄하자는 일차원적인 것은 아니다. 반대로 흔히 말하는 '국뽕'을 고취하기 위해 편향된 연구를 하자는 것도 아니다. 후대들도 기억하고 계승할 수 있도록 하자는 것이다. 그리고 진실을 찾는 과정에서 우리는 시간과 정성을 들여야 한다. 성급한 진실은 동전의 양면처럼 한 면이 드러나면 다른 한 면은 감춰지게 돼 있다. 이를 극복하기 위해서 시간과 정성이 필요하다. 당장 결론을 짓겠다는 성급한 욕심은 내려놓아야 한다.

다음으로 우리는 계속 미래로 나아가야 한다. 솔직히 피해국의 입장에서 가해국의 진심 어린 사과 없이, 무조건 지난 시간을 잊어버리는 것은 불가능한 일이다. 그렇다고 과거에 발목이 잡혀 미래로 나아가는 걸음을 멈출 수는 없다. 미래로 가는 길은 우리가 우리를 치유하는 방법이 될 수도 있다.

만일 우리나라가 일본을 월등히 뛰어넘는 나라가 된다면 어떻게 될까? 이미 몇몇 분야에서는 앞섰다는 사실을 알기에 약간은 상기된 마음으로 이를 생각해 본다. 우리가 '대부분'의 분야에서 일본을 '월등히' 뛰어넘는 나라가 된다면? 만일 우리나라가 중국을 넘어선 경제 대국이 되고 새로운 기술들로 세계를 압도하면 어떻게 될까? 만일 우리나라가 미국보다 더 나은 민주주의를 꽃피우고 자유시장경제의 중심이 된다면 어떻게 될까? 우리를 핍박한 어떤 나라를 용서하지 못해 밤을 지새우는 일은 일어나지 않을 것이다. 경제력뿐만 아니라 정치적으로나 문화적으로 강국이 돼 국제사회에서 영향력을 행사할 수 있는 나라가 되도록 우리는 미래로 달려가야만 한다.

21세기 대한민국은 포용주의 외교를 선택해야 한다. 그러나 내부적으로는 올바른 역사 인식을 확립하고 과거의 아픔을 기억하는 역사교육을 강화해야 한다. '무엇을 역사로 기억할 것인가?'라는 근본적인 물음도 가져야 한다.

우리 사회를 가르는 보수와 진보 성향은 과거사 문제에서 더욱 첨예하게 대립한다. 이들을 통합하고 사회적 합의를 이끌어내는 역할을 정치권에서 해야 한다. 미래 지향적인 사회 통합과 국제관계 발전을 통해 같은 비극이 되풀이되지 않도록 최선을 다해야 한다. 미래 세대에게 바른 역사관을 전수하는 것은 우리 모두의 숙제다.

10장

평화의 길, 새로운 역사를 시작하자

〈강철비〉

살길

두 명의 '철우'가 있다.

이름에 쇠 철鐵과 벗 우友 자를 쓰는 엄철우는 북에서 내려왔다. 상관에게 속아 쿠데타에 동조한 북한의 철우는, 죽음의 위기에 처한 북한 권력 서열 1위인 '그'를 데리고 남한으로 도주한다. 쿠데타 세력으로부터 '그'를 구해내는 것이 그가 스스로에게 부여한 임무다.

남한의 곽철우는 청와대 외교안보수석이다. 북한에서는 쿠데타가 벌어지고, 남한에서는 대통령의 교체가 목전인 상황에서 그는 대한민국 미래를 걱정한다. 미국과 일본, 중국의 외교 인력들이 빠르게 한국을 떠나는 것을 보며 '불행한 미래'가 닥칠 것을 직감한다.

북한에서 내려온 철우와 남한의 철우는 모두 전쟁만은 막으려 한다. 이유는 간단하다. 둘에게는 사랑하는 아이들이 있다. 두 철우는 '강철 같은 친구'가 되어 핵 위협이라는 절체절명의 위기를 막아낸다.

'북한의 체제는 언제까지 유지될까?' 대한민국 사람이라면 한 번쯤 가져 봤을 의문이다. 나도 내부 쿠데타가 일어나 체제가 전복되는 상상을 해봤다. 가능성이야 희박하겠지만 실재할 수도 있다고 생각한다. 2017년 개봉한 〈강철비〉는 그 상상을 현실로 구현한 작품이다. 평화와 화합을 강조한 주제도, 정의롭고 의리 있는 두 주인공을 포함한 인물들도, 결국 화해로 나아가는 줄거리도 모두 내 마음에 들었다.

그러나 한편으로 '우리는 언제까지 '우리의 소원은 통일'을 목 놓아 불러야 하는가?', 해묵은 고민을 다시 시작했다.

나는 답이 없는 문제를 싫어한다. 문제가 있으면 답도 있어야 한다. 그러나 현실 세계에는 답을 찾기 어려운 질문들도 많다. 그때는 과감하게 생각을 바꾸고 다른 시도를 해본다. 바로 해결하지는 못할지라도, 실패를 여러 번 반복할지라도 마지막까지 시도는 해봐야 직성이 풀린다. '한반도 평화'라는 난제도 수년째 그렇게 고민해 본 문제다.

"왜 우리는 분단된 채 살아가고 있는가?"

가장 가까운 이유는 한국전쟁 때문이다. 그전에는 미국과 소련이 합의한 '38선'이 있었고, 또 그 이전에는 일본의 한반도 점령이 있었다. 조금 더 깊게 들어가 보면 역사의 장면마다 등장한 '한반도 분할론'도 있었다.

한반도 분할론은 강대국의 이해관계 속에서 한반도를 둘로 나누어 통치하자는 의도에서 제기된 주장이다. 여러 강대국들은 자신들의 이익과 전략적 필요에 의해 한반도 분할론을 제기해 왔다.

임진왜란 1592~1598 때는 명나라와 일본이 조선을 분할해 통치하려는 계획을 세웠다. 러일전쟁 1904~1905 이전에는 러시아와 일본이 한반도에 대한 영향력을 두고 경쟁했는데, 러시아가 먼저 한반도를 분할해 각자의 영향권 아래 두자는 주장을 제기했다. 1903년 9월, 홀로 한반도를 집어삼키고자 했던 일본의 거절로 무산되었지만 이후에도 한반도 분할론은 지속적으로 터져 나왔다. 실제, 미국과 소련은 제2차 세계대전 이후 38선을 기준으로 한반도를 분할해 점령했다.

38선 획정劃定은 미국의 주도하에 진행됐는데, 분단은 냉전 시대의 시작과 함께 고착화되고 말았다. 38선은 한국전쟁 시에도 휴전선의 기준으로 인용되었고, 1953년 7월 27일 오전 열 시, 정전협정이 체결되고부터 지금까지 70여 년간 한반도를 남과 북으로 갈라놓는 기준선이 되었다.

안타깝게도 우리가 먼저 분할론을 주장한 적은 한 번도 없다. 한반도를 둘러싼 외국 세력은 자기들끼리 갈등을 만들어냈고 이를 빌미로 한반도에 대한 침략과 간섭을 일삼았다.

이러한 역사적 내력을 두고 일부 역사학자들은 한반도의 지정학적 위치가 가장 큰 이유가 됐다고 설명한다. 과거로부터 해양 세력과 대륙 세력은 서로 대립하며 갈등했는데 한반도는 그 둘이 만나는 요충지이기 때문이다.

실제 일본으로 대표되는 해양 세력은 한반도를 대륙으로 진출하는 교두보로 생각했다. 해양 패권을 유지하기 위한 교통로로서 한반도를 확보하고자 했다. 중국으로 대표되는 대륙 세력 역시 해양으로 진출하는 통로 혹은 해양 세력을 견제하는 방어선으로 한반도를 이용하려고 했다. 해양 세력과 대륙 세력의 충돌 지점으로 한반도는 불행한 역사를 끌어안을 수밖에 없었다.

그리고 지금까지도 한반도는 국제사회에 영향을 크게 받는다. 심지어 미·중 갈등, 러시아·우크라이나 전쟁 등 한반도에서 수만 리 떨어진 곳에서의 갈등과 전쟁에도 한반도의 안보 불안은 가중된다. 때문에 주변국에 대한 경제적 의존도를 줄이고, 균형 잡힌 외교로 '제 살길'을 찾아야 한다는 주장이 수십 년간 반복돼 왔다.

주고받기

나는 반도국의 숙명이 '섬나라'의 숙명보다는 낫다고 생각한다. 대한민국은 반도국이면서 섬나라의 숙명을 따라가고 있다. 위로는 북한으로, 3면은 바다로 막혀 있다. 대륙으로 나가는 것이 불가능하다. 간섭은 간섭대로 받고 적극적인 교류에는 한계가 있다.

섬나라의 숙명에서 벗어나려면 북한과의 교류부터 해야 한다. 피할 수 없는 선택이다.

2004년 11월 국회의원 신분으로 북한을 찾았다. '따뜻한 한반도 사랑의 연탄나누기 운동'이었다. 철저히 인도적 목적에 따른 운동이었고 남북 간의 교류, 협력 증진을 강조했다. 지역구인 태백에서 생산한 연탄을 직접 나눠주러 갔다. 북한뿐만 아니라 국내 여러 곳에도 연탄을 나르러 다녔다. 참 열심히 했다.

2년 뒤 북한을 다시 찾았다. 결국 실패했지만, '2014 평창 동계올림픽' 유치에 공을 들이던 시절이었다. 북한에도 동계올림픽 유치에 대한 지지와 협력을 부탁했다. 이야기는 잘 전달됐고, 그해 11월 북한은 최초의 체육 회담을 제의해 왔다. 평창의 동계올림픽 유치에 대한 지지 성명도 발표해 주었다. 그전까지 북핵 문제가 불거지면서 우리나라는 경쟁국인 오스트리아와 러시아에 비해 상대적으로 불리한 입장이었다. 그러던 차에 북한에서 평창 올림픽 지지 성명을 해주니 어렵던 국면이 많이 해소되었다.

북한에 갔을 때 고위 간부들과 묘향산을 둘러보는 일정도 있었다. 며칠간 호텔까지 함께 움직였다. 그러다 한번은 객실로 올라가는 중에 엘리베이터가 멈췄다. 전기 공급이 좋지 않았다. 불 꺼진 평양의 거리를 봤다. 적막에 휩싸인 밤거리를 보니 만감이 교차했다. 중국 공산당의 대부大夫 등소평도 흑묘백묘론黑猫白猫论(검은 고양이든 흰 고양이든 쥐만 잘 잡으면 되지 않는가!)을 주창하며 인민들이 잘 먹고 잘 사는 세상을 강조했는데 북한의 모습은 그와 거리가 멀었다. 함께 있던 북한 간부에게 따져 묻듯 이야기를 꺼냈다. 아무 대답도 듣지 못했다.

2010년 강원도지사가 되니 평창 동계올림픽 유치가 진짜 내 일이 됐다. 국회의원 시절 동계 올림픽 유치전을 뛰었던 경험이 많은 도움이 됐다. 지원을 아끼지 않았다.

2014 동계올림픽 유치전에서 패배한 것은 2007년 과테말라 총회에서였다. 당시 책임을 물어야 한다는 이야기가 많이 나왔다. 나는 그런 데 에너지를 쓸 시간이 없다고 생각했다. 국민적 열기가 식기 전에 재도전에 나서야 한다고 주장했다. 우리로서는 3수의 도전이었으나 명분과 당위가 확실한 도전이었다. 결국 경합을 벌였던 뮌헨(25표)과 안시(7표)보다 월등히 많은 표(63표)를 얻고 평창이 '2018 동계올림픽' 개최지로 선정됐다.

2018 평창 동계올림픽에 북한도 적극적으로 나서주었다. 선수단 48명과 응원단 230명을 파견했다. 개막식에 남북이 공동으로 참석했고, 아이스하키는 '코리아'라는 단일팀으로 참가했다. 지금까지도 한반도 평화와 화해를 상징하는 주요 사건으로 회자되고 있다.

통일은 어려운 일인가? 그렇다. 그러나 못할 일도 아니다. 그러나 두 가지 조건이 선행돼야 한다. '통일에 대한 강력한 의지'와 '외교력'이 반드시 필요하다. 과거를 돌아보면, 독일은 이 두 가지를 갖고 한 번도 어렵다는 통일을 두 번이나 이루어냈다.

독일의 첫 번째 통일을 살펴보자. 19세기 유럽에는 민족주의 열풍이 강하게 일었다. 국제 정세는 급변하여, 강대국이던 프랑스와 오스트리아가 통일 독일의 전신인 프로이센에 강력한 영향력을 행사하고 있었다. 철혈재상 비스마르크는 고무된 민족주의의 힘으로 분열된 독일을 통일하고, 강력한 독일 제국을 건설하겠다는 비전을 품었다.

비스마르크는 일반적으로 '뛰어난 정치 감각과 현실주의적 사고를 가진 야망가'로 평가받는다. 이러한 그의 정치적 성향이 완성된 시기는 '외교관'으로 단련된 후였다. 비스마르크는 러시아, 프랑스의 대사를 포함해 1851년부터 1862년까지 12년간 외교관으로 활동했다.

이 기간 동안 그는 상대국과의 관계를 우호적으로 만들며, 상대국의 정치 상황을 예리하게 분석해 프로이센의 이익에 부합하는 대응책들을 만들어갔다. 이때 이상주의적 명분보다 현실적인 이익을 중시하는 태도도 만들어졌다. 또한 그는 유연하고 실용적인 외교 전략을 구사하는 것으로 이름을 날렸는데, 독일의 통일 과정에서는 강대국들과의 동맹을 활용해 안보를 확보하고 통일에 유리한 환경도 조성했다.

당시 분위기를 살펴보자면 민족주의 열풍은 제법 뿌리가 깊었다. 1789년 프랑스 혁명이 벌어지면서 민족적 단결이 강조되었고, 나폴레옹과의 전쟁이 지속되면서 저항 운동에도 불시가 당겨졌다. 나폴레옹의 패배 이후 유럽의 질서를 프랑스 혁명 이전으로 되돌리는 '빈 체제'는 오히려 억압받는 민족들의 불만을 키웠다.

거기다 산업혁명으로 교통과 통신이 발달하자 단일 시장과 경제 체제에 대한 요구도 높아졌다.

비스마르크는 이러한 시류를 활용해 단일 민족으로 이루어진, 통일된 독일 제국을 만들고자 했다. 그러기 위해 반대 국가들부터 포섭하거나 제거해야 했다. 당장은 강대국의 위치를 잃고 싶지 않았던 프랑스와 신성 로마 제국의 계승국으로 독일 지역에 막대한 영향력을 행사하던 오스트리아가 문제였다. 두 국가는 독일의 통일을 원치 않았다. 겉으로는 신중한 태도를 취한다고 밝힌 영국과 러시아도 독일의 통일이 각국에 어떤 영향을 미칠지 계산기를 두드리기에 바빴다. 통일이 자국에 이롭거나 최소한 해는 되지 않는다는 확신이 설 때까지 입장 표명을 미루었다.

비스마르크는 이러한 국제 상황을 냉철히 파악하고 해법을 찾아냈다. 영국에는 해양 패권에 도전하지 않겠다는 메시지가 전달되도록 하고, 러시아에게도 전쟁은 하지 않는다는 원칙을 발표했다. 프랑스는 고립 정책으로 맞대응했다. 주변국과 협상을 통해 오스트리아·헝가리제국, 러시아제국과 '3제 동맹'을 맺고 유리한 입지를 마련했다.

그러나 본격적인 통일 과정은 전쟁으로 시작됐다. 먼저 덴마크와의 전쟁[1864]에서 승리하며 유럽 전역에 프로이센의 군사력을 과시했다. 이후 오스트리아와의 전쟁[1866]에서 승리해 독일에 대한 오스트리아의 영향력을 배제시켰다. 프랑스와의 전쟁[1870]에서도 승리함으로써 독일 통일의 방해꾼들을 모조리 제거했다. 그리고 과거 고통을 줬던 프랑스에게 뼈아픈 패배와 굴욕을 안기기 위해 1871년 프랑스 베르사유 궁전에서 독일 제국$^{\text{Deutsches Reich}}$의 성립을 선포한다.

1990년에 이루어진 2차 통일도 1차 통일과 크게 다르지 않았다. 통일에 대한 의지와 외교력이 만들어낸 결과물이었다.

2차 세계대전 이후 독일은 미국, 영국, 프랑스가 점령한 서독과 소련이 점령한 동독으로 분단되었다. 냉전 시대가 시작되자 서독은 자유민주주의 체제로, 동독은 공산주의 체제로 발전했고 수도 베를린에는 동과 서를 가르는 3.6m 높이의 장벽이 세워지게 된다. 베를린과 그 외 지역에 세워진 장벽의 총 길이는 112km나 됐다.

40여 년이 흐른 뒤, 1982년 헬무트 콜$^{\text{Helmut Kohl, 1930~2017}}$ 서독 총리가 업무를 시작했다. 그는 강력한 유럽 통합론자로 독일 통일이 유럽 통합을 강화시킬 것이라 믿었다. 기독교 민주주의의 가치를 중시해 공산주의 체제에서 억압받는 동독 주민들에게 자유를 되찾아주겠다는 정치적 이상도 컸다. 1980년대 후반, 소련의 개혁 개방으로 냉전이 끝나가던 그때 콜 총리는 기회를 포착하고 통일 정책을 밀고 나갔다.

이때도 독일 주변국은 각자의 이유로 독일의 통일을 반대했다. 영국은 제2차 세계대전의 트라우마로 독일이 통일할 경우 일어날 힘의 불균형을 우려했다. 프랑스는 유럽 내에서 자국의 영향력 약화를 이유로 반대 입장을 취했다. 소련은 신중한 입장으로 통일된 독일의 중립화를 주장했다. 콜 총리는 강력한 리더십과 외교력을 발휘했다.

그가 선택한 전략은 '주고받기'였다. 먼저 프랑스에는 유럽 통합이라는 명분과 유럽 연합EU 창설 그리고 유로화 시대의 개막을 강조했다. 영국에는 독일도 나토 체제에 편입되므로 항구적인 평화가 찾아올 것이라고 설명했다. 러시아에는 경제 협력을 언급하며 지지를 요청했다. 마지막으로 동독에는, 동독의 경제력이 좋지 않음에도 화폐 가치를 일대일로 인정해 주겠다고 약속했다. 연립정부를 구성해 안정적인 통일을 이어갈 것이라 강조했다.

"오늘, 독일 역사에 기념비적인 날이 밝았습니다. 베를린 장벽이 무너지고, 독일은 다시 하나가 될 수 있는 희망을 보았습니다."

1989년 11월 9일 소련에서 동독의 해외여행 규제 완화를 발표하고, 동베를린 시민들의 요구에 의해 장벽이 붕괴되면서 독일의 통일 논의도 급진전을 맞게 됐다. 1990년 10월 3일 서독이 동독을 흡수 통합하는 방식으로 재통일이 마무리 되었다. 콜 총리의 임기는 1998년까지 이어졌다.

"정치란 가능한 것의 예술이다."

비스마르크는 1962년 수상으로 임명된 후, 1971년 독일 제국을 선포했다. 9년 만에 대과업을 이룬 것이다. 콜 총리도 부임 8년 만에 독일 통일을 이뤄냈다. 강력한 군사력과 현실적 외교, 그리고 막대한 경제력은 통일에 유효한 전략들이었다.

영구 평화의 예술

대한민국은 한국전쟁 휴전 이후 70여 년간 휴전休戰, Armistice 상태에 놓여 있다. 휴전이란 교전 중인 두 개 이상의 적대 세력이 일시적으로 전투 행위를 중단하기로 합의한 것을 말한다. 전쟁의 완전한 종료가 아닌, 일시적인 멈춤 상태이므로 위기의식과 불안이 계속 함께한다.

한반도의 평화를 가져올 전략으로 나는 북한과의 FTA Free Trade Agreement를 제안한다. FTA는 계약을 맺은 나라끼리 관세 없이 자유롭게 무역하는 것을 말한다. 한반도에 자유 무역이 행해지면 영구적 평화도 정착될 수 있다. 남한과 북한의 교류가 열리면 새로운 역사도 시작될 것이다. 경제적 통합 이후에는 정치적 통합도 가능하다.

비등한 사례는 독일에도 있었다.

1차 통일에 앞선 1818년, 프로이센의 재무장관은 프로이센 본토와 호엔촐레른 영토의 경제적 통합을 시도했다. 이름하여 관세동맹이었다. 16년 뒤인 1834년, 실제로 관세동맹이 이루어졌고 프로이센을 중심으로 독일계 국가들이 하나의 경제권을 형성하게 된다. 관세를 철폐하거나 낮춰주는 관세동맹으로 독일계 국가들은 자유로운 무역이 가능해졌고 통일된 시장을 형성하게 됐다. 국가 경제도 성장했다.

관세동맹의 이점을 경험한 독일은 1836년 오스트리아를 제외한 프로이센 남부의 모든 국가들과 관세동맹을 맺고, 1866년까지 동맹의 규모를 확대해 간다. 같은 언어를 쓰는 오스트리아가 독일 제국에서 배제된 것도 이때부터다. 비스마르크는 관세동맹으로 우리 편을 확실히 구별했다. 헝가리, 체코, 슬로바키아와 오스트리아 등 합스부르크 군주국은 자국 산업에 강력한 보호 정책을 시행해 관세 동맹에 들어오지 못했는데, 이는 오스트리아와 통일 독일이 다른 길을 걷게 된 확실한 계기가 됐다.

남한이 북한의 FTA는 독일의 관세동맹과 같은 효과를 만들 수 있다. 먼저 경제 공동체 구축을 통해 남북 관계의 불안정성을 해소할 수 있다. 동시에 북한에는 경제적 안정을, 남한에는 값싸고 좋은 제품을 통해 상호 이익을 도모할 것이다.

물론 남북 FTA 실현을 위해서는 넘어야 할 산들이 많다. 개성공단의 뼈아픈 실패를 반복할 수는 없다.

2000년 6월 '남북정상회담'에서 합의돼 가동 중이던 개성공단은 2016년 2월 북한의 핵실험 및 미사일 발사로 전면 중단되었다. 2003년 착공을 시작해 2004년 첫 제품 '개성냄비'를 생산하고 꼭 12년 만이다. 개성공단에는 124개의 기업이 입주해 있었고

2015년 12월 말까지 32억 5,000만 달러의 누적 생산액을 기록했다. 대외적으로는 평화 분위기 조성 등 한반도 평화에 큰 도움이 되었다. 그러나 오래 가지 못했다. 남한에서는 수평적인 정권 교체가 이루어졌고 북한에서는 지속적으로 북핵 카드를 만지작거렸다. 안정과 평화의 분위기는 사라지고 공장은 폐쇄됐다.

전례를 밟지 않기 위해서, 남북 FTA는 단계적으로 접근해야 한다. 초기에는 상호 신뢰를 구축하고 경제 협력의 기반을 마련해 나간다. 개성공단이 남북 경제 공동체 형성에 발판이 되었듯, 남북 FTA가 남북 경제공동체 구축에 밑바탕이 되도록 해야 한다.

국제사회에서 협력을 이끌어 내는 것도 주요 해결 요소다. 특히 미국은 북한의 핵 개발 및 미사일 발사 문제로 대북 제재를 주도해 왔다. 거기다 미국의 대북 제재에는 긴 역사가 있다. 1950년대부터 80년대까지는 한국전쟁 발발 후 수출 통제법에 의거해 대북 수출을 금지했고, 공산주의 국가라는 이유로 경제 원조 대상에서도 제외했다. 1990년대 북한의 핵 개발 의혹이 제기되면서 관련 품목의 수출 규제도 강화됐다. 각종 법을 제정해 금융 제재도 가했다.

현재 북한에 가해지는 제재는 금융, 무역, 운송 제제와 인적 교류 제한(북한 방문 및 북한 인력 고용 제한), 세컨더리 보이콧(북한과 특정 거래를 하는 제3국 그리고 개인 및 단체에 대한 제재)까지 다양하고 폭넓다. 개성공단 사업 시에도 미국은 개성공단 사업을 통해 북한으로 유입되는 자금을 우려했고, 개성공단 제품을 한국산으로 인정하는 문제에서도 소극적 태도를 보였다. 따라서 남북의 성공적인 FTA 체결을 위해서는 미국의 절대적인 협조가 불가피하다. 미국이 직접적으로 참여하지 않더라도 적절한 정치적, 경제적 영향력을 확보해 우호적인 태도를 취하도록 외교적 협상을 이루어야 한다.

"분단국가의 인민은 분단 그 자체가 아니라 그 분단을 이용하는 자들에 의해 더 고통 받는다."

〈강철비〉에서 두 철우가 내뱉은 대사다.

영화에서 쿠데타를 일으킨 북한 세력은 핵까지 발사한다. 미국과 일본 그리고 중국은 핵을 막기 위해 적극적으로 개입한다. 또한 각자 핵을 쏘고 자국의 안정을 도모한다. 같은 상황이 현실에서 벌어진다면 우리가 겪게 될 현실도 크게 다르지 않으리라 예상된다.

구글이 개발한 인공지능에게 "북한이 핵을 쏘면 미국, 일본, 중국은 어떻게 할까?"를 물어보았다. AI는 "미국은 즉각적이고 압도적인 군사적 대응을 할 가능성이 매우 높다", "일본은 미일 안보 조약에 따라 미국과 긴밀히 협력하며 대응할 것이다", "중국은 핵 사용을 규탄하지만 자국의 안보와 이익을 최우선으로 고려해 신중하게 대응할 것이다"라고 답했다. 동맹국에 대한 핵우산을 포함한 확장 억제 정책을 펼치고 있는 미국, 자위력을 통해 필요시

선제 타격 능력을 모색하는 일본, 미국과 군사적 대응 과정에서 악화되는 미·중 관계가 우리가 직면한 현실이다.

또한 AI는 과거 한민족이 받았던 고통에 대한 두 철우의 시각에도 일리가 있다고 답했다. 이산가족, 문화적 이질감의 심화, 경제적 비효용, 심리적 불안 등에서 자유로운 한국인은 한 사람도 없다. 그러나 몇몇은 자신들의 이익을 위해 국민들의 고통을 이용했다. 안보라는 명목 하에 자유와 권리를 핍박했고, 자신의 정치적 입지를 강화하기 위해 이념 간 대립을 부추겼다. 주변국들 역시 자국의 이익만을 도모할 뿐 한반도에 살고 있는 사람들의 안위는 안중에도 두지 않았다.

분단 그 자체로 인한 고통과 그 분단을 정치적 혹은 경제적으로 이용하려는 이들로 인해 전체 국민들의 고통은 더욱 가중됐다.

분단으로 인한 고통에서 자유로워질 수 있는 방법은 하나뿐이다. 한반도를 '영구 평화의 땅'으로 만들어야 한다. 이를 위해서 새로운 도전을 해나가야 한다.

물론 지난 70여 년간 우리가 손을 놓고만 있던 것은 아니다. 그러나 우리가 했던 모든 것은 틀렸거나 부족했다. 가장 큰 실수는 적절한 외교력을 발휘하지 않은 것이다.

대한민국 내에는 소위 '자주파'라며 평화통일을 지향하는 이들이 존재한다. 남한과 북한이 화해하고 손을 맞잡으면 모든 문제가 해결되리라 생각한다. 나는 그렇지 않다고 본다. 지난 수십 년간 우리는 해봤다. 햇볕정책도 펼쳐보고 봉쇄정책도 실행해 봤다. 결과적으로 진보와 보수 모두 실패했다. 북한은 자신의 길을 갔다. 미국의 경제 제재를 해결하기 위해 핵을 만들고 끊임없이 적국을 위협했다. 그럼에도 미국은 꼼짝하지 않았고 위험과 불안은 오롯이 38선을 맞대고 있는 대한민국이 짊어졌다.

이제 새로운 방법을 찾아야 한다. 주변국의 협력은 필수 불가결이다. 남북 FTA와 함께 적극적이고도 영리한 외교로 한반도 문제를 함께 풀어 나가야 한다.

미국의 케네디 대통령은 "내치에 실패하면 정권교체에서 끝나지만, 외치에 실패하면 국가 존망의 위기를 초래할 수 있다"고 경고했다. 그는 냉전이라는 격동의 시대에 미국의 역할을 모색하고, 공산주의의 위협에 대처하기 위해 유연한 외교 정책을 펼쳤다. 물론 피그스 만 침공 실패와 베트남 전쟁 확대는 비판의 대상이 됐다. 그러나 젊고 활기찬 그의 이미지는 국제사회에서 미국의 리더십을 강화하는 데 도움이 됐다. 케네디는 공산주의를 봉쇄했고, 아프리카와 아시아의 신생 독립국을 지원했으며, 쿠바 미사일 위기를 넘겼고, 라틴 아메리카 국가들과 진보를 위한 동맹을 결성했다.

또한 케네디 시절 조직된 평화 봉사단은 전 세계에 인도주의의 가치를 확대시켰다. 이는 미국에 대한 긍정적인 이미지를 더하는 것으로도 이어진다. 일례로 1966년 우리나라에 파견된 100여 명의 평화봉사단은 1981년까지 활동했는데, 봉사단원들은 학교에서 영어를 가르치고 보건 개선 사업을 펼치고 농촌 개발에도 기여한다. 이들로 인해 한미 관계도 돈독해졌다. 우리에게도 케네디와 같은 리더, 유연한 외교를 펼칠 정책, 평화를 위한 동맹국들이 필요하다.

　우리가 펼쳐야 할 외치外治는 한반도를 둘러싼 국가들에게 '통일을 통해 이익과 도움을 얻을 것'이라는 확신을 주는 일이다. 이 일은 상대국 하나하나에 따른 세심한 대응책을 세우는 것으로 나아가야 한다. 구체적으로 예를 들자면 미국에게는 핵 위협으로부터의 자유, 일본은 북한과의 과거사 청산, 중국에게는 국경 문제 해결 등을 통일의 카드로 제시하는 것이다. 이처럼 한반도 주변국들이 남한과 북한의 통일로 이익을 볼 수 있는 부분들을 앞세워서 설득하는 일이 무엇보다도 중요하다. 국제사회는 자국의 이익을 최우선하기 때문이다. 우리가 해결책과 가이드라인을 먼저 제시하고 충분한 협상력을 발휘해야 한다.

　서울대학교 통일평화연구원에서 '2024 통일의식 설문조사'를 실시했다. 전국 17개 시·도 성인 1,200명을 대상으로 한 조사였다. 통일이 필요하다는 응답은 줄고 통일이 필요하지 않다는 응답은 늘어나는 추세다. '통일이 필요하다'고 대답한 비중은 36.3%로 2007년 조사 이래 가장 낮은 수준이었다. '통일이 불가능하다'는 비중은 39%로 조사 이래 가장 높은 수준으로 상승했다. 2030 청년 세대의 통일 필요성에 대한 인식은 눈에 띄게 낮았다. 특히 19~29세 중 통일이 필요하다고 답한 비율은 28.2%로 60대 이상의 51.3%와 크게 대조를 이뤘다.

　통일부가 교육부와 함께 실시한 '2023년도 학교 통일교육

실태조사'에서도 비슷한 결과가 나왔다. 756개 초중고 약 7만 4,000명의 학생 중 '통일이 필요하다'고 답한 비율은 49.8%였다. 2014년 조사 이래 처음으로 50% 아래로 떨어졌다. 반대로 '통일이 필요하지 않다'고 응답한 학생의 비율은 39.8%로 역대 가장 높은 수치를 기록했다.

통일을 꺼리는 이유로 응답자 중 상당수가 '경제적 부담'과 '통일 이후 발생할 사회문제'를 꼽았다. 2010년 이명박 정부 시절 한국개발연구원KDI은 갑작스런 통일이 이루어질 경우 30년간 2,500조 원이 필요할 것이라고 예상했다. 이 발표로 국민들에게 걱정거리 하나가 늘었다. 그런데 박근혜 전 대통령은 비용보다 실익이 크다며 '통일 대박론'을 언급하기도 했다. 어느 쪽이 옳든, 통일을 고민할 때 '돈'이 가장 먼저 떠오르는 것이 현실임은 부인할 수 없다. 시간이 흐르면서 한민족이라는 동질성은 점점 옅어지고 있다.

이제는 '영구 평화의 정착'을 위해 통일을 이야기해야 한다. 평화는 공기와 같다. 있을 때는 그 가치를 모른다. 그러나 빼앗기고 나서 깨달으면 너무 늦다.

2023년 10월 7일 하마스의 이스라엘 공격 이후 팔레스타인 가자 지구를 향한 이스라엘의 침공이 시작됐다. 현재까지도 진행 중인 이 침공으로, 5만 명 이상의 팔레스타인 사람들이 사망했다(유니세프 발표). 11만 5,000명 이상이 부상을 입었다. 190만 명, 가자 지구 전체 인구의 90%가 집을 잃고 이재민이 되었다. 이스라엘의 피해도 만만치 않다. 1,200명 이상이 사망했고 7,500명 이상의 부상자가 보고됐다. 250여 명은 하마스에 인질로 잡혀 있다.

1년 앞선 2022년 2월 4일, 러시아는 우크라이나를 전면 침공했다. 유엔 인권 고등판무관 사무소^{OHCHR}는 러시아·우크라이나 전쟁으로 1만 2,000명 이상의 민간인이 사망했고, 우크라이나군 4만 3,000명, 러시아군은 6,000명이 사망했다고 보고했다. 유엔 난민기구^{UNHCR}는 우크라이나인 600만 명 이상이 국외로 피난했다고 보고했다.

전쟁은 삶을 파괴하기에 가장 손쉬운 그리고 가장 어리석은 행동이다. 전쟁을 막는 길은 평화를 유지하는 것뿐이다. 평화를 유지하기 위해 우리는 정전협정을 포함한 통일이 반드시 필요하다. 물리적인 통일을 단숨에 이루려는 것은 허황된 바람일 수 있다. 먼저, 한반도에 평화를 안착시키는 노력들을 취해야 한다.

지난번 국회의원 선거에 출마했을 때 일이다. 탄천을 따라 유권자들을 만나러 다니는 길에 점잖은 어르신을 만났다. 내 손을 잡은 그는 나를 꼭 뽑아주겠다고 했다. 알고 보니 동문 선배였다. 선배는 나를 격려한 후 제 갈 길을 갔다. 그런데 잠시 후 돌아와서는 질문 하나를 던졌다.

"혹시 빨갱이는 아니지?"

나는 아무 대답도 못했다. 한국전쟁 이후 수십 년 동안 대한민국 정치를 집어삼킨 괴물이 '빨갱이 논쟁'이었다. 냉전 시대의 유물이지만, 정치적 공격과 혐오를 드러내는 말로 여전히 사용되고 있다. 여의도 정치인들 사이에서는 건전한 평가를 불가능하게 만드는 낙인찍기의 손쉬운 방법으로 활용되고 있다.

이런 상황에서 북한과의 협력을 이야기하는 것이 얼마나 위험천만한 일인지 모르는 것이 아니다. 그러나 북한과의 대화와 협력 없이 평화도 이야기할 수 없다. 빨갱이 프레임이 무서워 통일을 이야기할 수 없는 대립의 정치 풍토를 이제는 청산해야 한다.

〈강철비〉의 두 철우는 아이들을 위해 전쟁을 막고자 했다. 현실을 사는 우리에게도 소중한 사람들이 있다. 대한민국에 사는 미성년 국민은 7,700만 명이 넘는다. 이들을 위해 평화를 이야기해야 한다. 통일에 대한 강력한 의지가 있는 리더, 해양 세력과 대륙 세력 모두와 대화할 수 있는 리더, 유능한 외교력을 갖춘 리더가 우리에게도 절실하다.

부록

저작권자 및 저작권사

1장

⟨범죄도시⟩ ㈜에이비오엔터테인먼트

'평등과 공정' 일러스트

https://www.storybasedstrategy.org/permission-to-reproduce

Made by Andrew, a Facebook user in Canada

4장

⟨이상한 변호사 우영우⟩ ㈜에이스토리

9장

⟨임실⟩ ㈜케이피필름

우리의 봄

초판 1쇄 인쇄일 2025년 8월 14일
초판 1쇄 발행일 2025년 8월 25일

지은이 이광재

발행인 조윤성

편집 추윤영 **디자인** 정효진 **마케팅** 최기현
발행처 ㈜SIGONGSA **주소** 서울시 성동구 광나루로 172 린하우스 4층(우편번호 04791)
대표전화 02-3486-6877 **팩스(주문)** 02-598-4245
홈페이지 www.sigongsa.com / www.sigongjunior.com

글 ⓒ 이광재, 2025

이 책의 출판권은 ㈜SIGONGSA에 있습니다. 저작권법에 의해
한국 내에서 보호받는 저작물이므로 무단 전재와 무단 복제를 금합니다.

ISBN 979-11-7125-850-5 03810

*SIGONGSA는 시공간을 넘는 무한한 콘텐츠 세상을 만듭니다.
*SIGONGSA는 더 나은 내일을 함께 만들 여러분의 소중한 의견을 기다립니다.
*잘못 만들어진 책은 구입하신 곳에서 바꾸어 드립니다.

┌─ **WEPUB** 원스톱 출판 투고 플랫폼 '위펍' _wepub.kr ─┐
위펍은 다양한 콘텐츠 발굴과 확장의 기회를 높여주는
SIGONGSA의 출판IP 투고·매칭 플랫폼입니다.